So lernen Babys und Kleinkinder

So lernen Babys und Kleinkinder

Caroline Young

Design: Ruth Russell, Joanne Kirkby
und Laura Hammonds
Illustrationen: Shelagh McNicholas
und Ruth Russell

GoBo

Inhalt

Der Start ins Leben

Erkunden mit Hand und Mund

In Bewegung

Das Kleinkindalter

Die Welt wird größer

(18–24 Monate)

Schon zwei Jahre alt

(2–2 ½ Jahre)

Nützliche Informationen

Einführung

Für ein Neugeborenes ist die Welt ein unglaublich spannender Ort – alles ist neu und will entdeckt werden. Babys lernen vom Augenblick ihrer Geburt an, und in den ersten zwei Jahren lernen Kinder mehr als in irgendeiner anderen Phase ihres Lebens.

Sie lernen aus dem, was sie um sich herum sehen und hören, aber am meisten lernen sie durch Spielen. Das bedeutet, dass man einem Baby oder Kleinkind helfen sollte, Dinge über seine neue Welt herauszufinden, und ihm ermöglichen sollte, zu spielen und zu lernen.

Finden Sie heraus, womit sich Ihr Baby in welchem Alter am liebsten und am sinnvollsten beschäftigt.

Lassen Sie sich beraten, welches Spielzeug sich zu kaufen lohnt.

Für kleine Kinder sind die einfachsten und alltäglichsten Dinge oft die faszinierendsten.

Helfen Sie Kleinkindern bei künstlerischen Ideen und Vorstufen des Schreibens.

Gemeinsam Spaß haben

Dieses Buch bietet jede Menge einfacher und preiswerter Ideen für Aktivitäten mit Babys und Kleinkindern bis zum Alter von zweieinhalb Jahren. Denken Sie daran: Das Ziel all dieser Aktivitäten ist es, das Entdecken der Welt zum Vergnügen zu machen.

Die Forschung hat ergeben, dass Babys am besten lernen, wenn Sie beide Spaß an dem haben, was Sie tun. Also sollte jede Aktivität kurz sein, und Sie sollten damit bis zum richtigen Zeitpunkt warten. Kleine Kinder ermüden schnell und spüren, wenn Sie sich langweilen und keine Lust mehr auf Kinderreime oder Schneiden und Kleben haben. Denken Sie daran, dass es für Babys schlicht und einfach die schönste Sache der Welt ist, Spaß mit den Menschen zu haben, die sich um sie kümmern.

Nützlicher Tipp

Nicht vergessen: Die Vorschläge für die unterschiedlichen Altersgruppen sollen lediglich als Anhaltspunkt dienen. Experten betonen, dass jedes Kind anders ist und sich in seinem eigenen Tempo entwickelt.

Der Start ins Leben

Die ersten drei Monate im Leben eines Babys können für alle Beteiligten hektisch und emotional sein. Also sollten Sie Ihr Kind nicht überfordern. Auch wenn Babys ab ihrer Geburt bereit sind, alles über die Welt um sie herum zu lernen, haben Experten festgestellt, dass Neugeborene in diesen ersten Wochen zu viel Lärm oder Aktivität nicht besonders mögen. Sie wollen es vor allem warm und gemütlich haben, gefüttert und geliebt werden – viel mehr brauchen sie nicht.

Was können Neugeborene?

Die meisten Babys wissen von Geburt an, wie sie aus der Brust oder Flasche Milch saugen können.

Wird ein Baby nah an die Brust der Mutter gehalten oder streichelt man ihm die Wange, öffnet es den Mund. Das ist der sogenannte Rooting- oder Brustsuch-Reflex.

Bei einem lauten Geräusch oder wenn ein Neugeborenes zu schnell niedergelegt wird, kommt es vor, dass es seine Arme und Beine spreizt und in die Luft greift.

Legt man einen Finger in die Handfläche eines Neugeborenen, hält das Baby ihn mit der ganzen Hand fest.

Greift man Neugeborenen unter die Arme, machen sie Laufbewegungen mit den Füßen. Diese stellen sie jedoch bald wieder ein und lernen erst Monate später, wie man „richtig" läuft.

Die Eltern kennenlernen

Die ersten Tage nach der Geburt eines Babys vergisst man nie. Von all den Besuchern, Blumen, Windeln . . . und guten Ratschlägen fühlt man sich leicht überwältigt. Wenn möglich, sollten Sie einfach die Anfangszeit nutzen, um Ihr Baby kennenzulernen und ihm die Chance zu geben, Sie und die neue Welt um sich herum ebenfalls kennenzulernen. Lassen Sie ihm Zeit, Ihr Gesicht zu studieren, Ihre Stimme zu hören und es zu genießen, in Ihrer Nähe zu sein.

Sicherheit

Keine grellen Lichter auf Neugeborene halten und nicht mit Blitzlicht fotografieren. Das tut ihren Augen weh.

Experten haben entdeckt, dass kleine Babys nicht sehr weit sehen können. Nach und nach können sie deutlich Dinge sehen, die etwa so weit entfernt sind wie Ihr Gesicht, wenn Sie das Baby im Arm halten. Weiter entfernte Dinge erscheinen in diesem Stadium noch verschwommen. Es kann gut sein, dass diese eingeschränkte Sicht Babys davor schützt, zu sehr durch all das stimuliert zu werden, was um sie herum passiert. Außerdem konzentrieren sie sich so ganz darauf, die Person kennenzulernen, die sich um sie kümmert. Sie werden feststellen, dass sich Babys nach Lichtquellen wie Lampen umdrehen.

Ein Neugeborenes fühlt sich am geborgensten, wenn Sie es ganz nah an Ihrem Körper halten.

Ganz nah

Neugeborene sind meist dann am zufriedensten, wenn sie ganz nah am Körper der Person sind, die sich um sie kümmert. Nutzen Sie die Gelegenheit, Ihr Baby so oft wie möglich ganz nah bei sich zu halten. Die Welt geht nicht unter, wenn Sie das schmutzige Geschirr noch eine halbe Stunde länger stehen lassen. Gönnen Sie sich Zeit, dem Neugeborenen zu helfen, sich zu entspannen und an die Welt zu gewöhnen, in der es eben erst angekommen ist. Natürlich müssen Babys Zeit in ihrem Kinderwagen oder in ihrer Babytragetasche verbringen, aber sie brauchen auch die Geborgenheit spendende Nähe.

Neugeborene finden Gesichter meist faszinierend. Geben Sie ihnen etwas Zeit, Ihres kennenzulernen.

Von Angesicht zu Angesicht

Geben Sie dem Baby Zeit, Ihr Gesicht zu studieren. Ab etwa drei Wochen kann es Sie deutlich erkennen, und wenn Sie es anlächeln, lächelt es nach einigen Wochen wahrscheinlich zurück. Einige Experten sind der Meinung, dass selbst ganz junge Babys den Unterschied zwischen einem traurigen und einem fröhlichen Gesichtsausdruck wahrnehmen können.

Geräuschempfindlichkeit

Babys sind sehr geräuschempfindlich und hören gut. Versuchen Sie, in der Nähe Neugeborener keine lauten Geräusche zu machen wie zum Beispiel die Tür zu knallen, denn das könnte sie erschrecken. Sorgen Sie dafür, dass das Schlafzimmer des Babys möglichst ruhig und frei von Ablenkungen ist. Die Forschung hat ergeben, dass einige Babys sich entspannen, wenn sie gleichförmige Hintergrundgeräusche hören wie zum Beispiel den Staubsauger oder Fön. Es könnte sein, dass sie sich daran erinnern, diese Alltagsgeräusche im Mutterleib schon gehört zu haben.

Selbst Neugeborene hören Sie gern reden.

Neugeborene erkennen als Erstes die Stimme der Mutter, doch bald schon erkennen und reagieren sie auch auf die Stimmen anderer „wichtiger" Personen und werden still, wenn diese sprechen, oder drehen sich zu ihnen.

Schon wenn man mit ganz kleinen Babys spricht, kann ihnen das helfen, die Geräusche und Rhythmen der Alltagssprache zu erlernen. Viele Babys genießen es einfach, wenn sie Menschen um sich herum sprechen hören – was dabei gesagt wird, spielt dabei keine Rolle. Geben Sie ihnen etwas Zeit, dem täglichen Treiben bei Ihnen zu Hause zu lauschen: Nach den sanften Geräuschen im Mutterleib sind sie vollständige Stille noch nicht gewöhnt.

Sprechen Sie auch mit einem ganz kleinen Baby – so viel Sie können und mit sanfter Stimme.

Unterhaltung im Kinderbett

Babys verbringen viel Zeit im Bett – sei es im Kinderwagen, Kinderbett, Baby-Körbchen oder in der Babytragetasche. Einen Großteil der Zeit schlafen sie, daher ist es wichtig, dass ihr Bett bequem und sicher ist. Es ist auch in Ordnung, wenn sie im Wachzustand im Bett bleiben, solange sie dabei glücklich sind. Ganz kleine Babys können sich noch nicht bewegen oder interessante Dinge sehen, also muss man die Dinge zu ihnen bringen. Babys liegen viel zufriedener wach im Bett, wenn es um sie herum interessante Dinge gibt.

Ein Babybett muss bequem, sicher und interessant sein.

Die ersten Mobiles

Gesundheitsexperten raten, Babys zum Schlafen immer auf den Rücken zu legen; so haben sie reichlich Möglichkeit, sich Gegenstände anzusehen, die über ihnen hängen, wie zum Beispiel ein Mobile. Mit etwa acht Wochen hat sich das Sehen der meisten Babys so weit entwickelt, dass sie in der Lage sind, ein von der Decke hängendes Mobile zu erkennen. Ab etwa drei Monaten können sie die meisten Dinge sehen, selbst aus einiger Entfernung.

Es gibt viele Arten von Mobiles, mit ganz unterschiedlichen Designs und in verschiedenen Preiskategorien. Einige werden ans Kinderbett geklemmt, andere spielen Musik, drehen sich oder projizieren sogar blinkende Lichter an die Decke. Laut Studien sehen sich Babys lieber gebogene als gerade Linien an und interessieren sich eher für dreidimensionale Objekte als für flache. Daher sollten Sie sich für ein Modell entscheiden, das für Ihr Baby interessant sein könnte. Versuchen Sie, das Mobile aus der Perspektive des Babys zu sehen, wenn Sie eines kaufen.

Die meisten Babys starren eine ganze Weile gebannt auf ein über ihrem Bett hängendes Mobile.

Ein Mobile oder Büchlein fürs Kinderbett basteln

Ein Mobile selbst zu basteln ist ganz einfach. So können Sie auch von Zeit zu Zeit die herunterhängenden Gegenstände austauschen, damit das Baby noch mehr Abwechslung hat. Bringen Sie ein paar Federn, etwas Lametta, einige Luftschlangen und Glitzerpapierstreifen über dem Bett an.

Feder

Party-dekoration

Tapeten-streifen

Innerhalb von drei Monaten können sich Babys im Bett nach links und rechts drehen. Zeichnungen und Bücher mit einfachen Mustern (oft Kinderwagenbücher genannt) geben ihnen etwas zum Anschauen. Die Forschung zeigt, dass Babys eher von Bildern mit starken Farbkontrasten angezogen werden.

Babys sind, wenn sie etwas Neues sehen, oft so aufgeregt, dass sie strampeln.

1. Zeichnen Sie auf weiße Pappe mit einem dunklen, ungiftigen Stift eine Spirale und einige Formen oder ein Schachbrettmuster.

Babys allein

Egal, wie viele interessante Dinge Sie dem Baby bieten, sie werden es nur eine kurze Zeit beschäftigen. In diesem Stadium sind Babys noch zu klein, um lange allein spielen zu können. Wenn sie gefüttert, trocken und müde sind, kann man sie ruhig eine Weile weinen lassen, doch wenn sie nicht aufhören zu weinen, sollte man besser nachsehen, was ihnen fehlt. Einige Babys weinen mehr als andere und brauchen länger, um zur Ruhe zu kommen. Warum das so ist, können die Experten oft nicht genau erklären. Vielleicht hilft es, sich zu vergegenwärtigen, dass ein Baby nur durch Weinen mitteilen kann, wenn es nicht zufrieden ist. Versuchen Sie möglichst ruhig zu bleiben und machen Sie sich klar, dass diese schwierige Phase vorübergeht.

2. Befestigen Sie das Bild so am Kinderbett, dass es das Baby leicht sehen kann. Tauschen Sie das Bild durch ein anderes aus, sobald das Baby sich zu langweilen scheint.

Sicherheit

Achten Sie darauf, dass Ihr Mobile und alle Gegenstände, die Sie am oder über dem Bett des Babys befestigen, vollständig sicher sind. Es darf nichts ins Bett fallen.

Zum ersten Mal draußen

Es lässt sich nicht vermeiden, dass die ersten Wochen nach der Geburt des Babys sehr stressig und für alle Beteiligten ein neuer Vollzeitjob sind. Es kann einem schwerfallen, neben dem Füttern, Waschen und Windeln wechseln noch etwas anderes zu tun. Sogar mit dem Baby rauszugehen kann zu einem großen Vorhaben werden, aber es tut Ihnen beiden gut.

• Nehmen Sie, wann immer Sie ausgehen, Windeln zum Wechseln, zusätzliche Babysachen und ein Fläschchen mit (falls Sie Fläschchen geben).

• Vergessen Sie nicht, einen Sonnen- oder Regenschutz für den Kinderwagen mitzunehmen.

• Beim Schieben eines Kinderwagens einen Schirm zu halten ist schwierig, daher ist es vielleicht besser, einen Regenmantel mit Kapuze anzuziehen.

Nehmen Sie sich vor, wenn möglich nach dem Füttern und Windeln wechseln rauszugehen.

Mit ein wenig Planung und einem guten Timing muss das Rausgehen nicht stressig sein. Gehen Sie nicht los, wenn das Baby zum Beispiel eine neue Windel braucht oder wahrscheinlich bald gefüttert werden muss. Betrachten Sie es einfach als Tapetenwechsel mit etwas frischer Luft. Selbst der kleinste Spaziergang bringt etwas Abwechslung in den Tag für alle, die das Neugeborene versorgen.

Die Umwelt entdecken

In diesem Stadium können sich Babys noch nicht allein fortbewegen, aber viele lieben das Gefühl der Bewegung, zum Beispiel wenn sie in einem Baby-Tragetuch getragen oder im Kinderwagen gefahren werden. Sie können Lichter, den Himmel, Bäume und die Gesichter von Menschen sehen. Es ist wichtig, mit Babys zu sprechen, und sie sollen sehen können, wer mit ihnen spricht. Es mag Ihnen vielleicht merkwürdig vorkommen, aber Ihr Baby hat viel mehr davon, wenn Sie ihm von den Dingen „erzählen", an denen Sie während des Spaziergangs vorbeikommen.

Bei einem kurzen Besuch des örtlichen Parks gewinnt Ihr Baby viele neue Sinneseindrücke.

Leute treffen

Wenn Sie jemanden kennen, der auch gerade ein Baby bekommen hat, sollten Sie einander treffen, um sich auszutauschen. Es kann sehr beruhigend und lohnend sein, mit anderen Menschen zu sprechen und die Erfahrungen der ersten Wochen mit ihnen zu teilen. Ganz kleine Babys „spielen" noch nicht miteinander, aber sie mögen es, sich zu hören und zu sehen. Neuere Forschungen haben ergeben, dass selbst Neugeborene einander gegenseitig wahrnehmen und davon profitieren können, zusammen zu sein.

Es kommt vor, dass Fremde einen Blick auf das Baby werfen möchten. Auch wenn das als Neugier erscheinen mag, Babys haben es oft gern, neue Gesichter zu sehen.

Babys im Auto

Viele Babys fahren schon wenige Tage nach ihrer Geburt im Auto mit und lassen sich oft durch sein Brummen beruhigen. Vielleicht erinnert es sie an die schaukelnden Bewegungen im Mutterleib. Auf jeden Fall kann eine Fahrt im Auto ein weinendes Neugeborenes zur Ruhe bringen und selbst lange Fahrten sind kein Problem, da es die meiste Zeit schläft.

Sicherheit im Auto

Auf Ihrem Arm oder Schoß ist ein Baby niemals sicher. Es muss in einem speziellen Baby-Autositz angeschnallt werden, der entgegen der Fahrtrichtung montiert ist.

Stellen Sie den Autositz niemals auf einen Vordersitz, der durch einen Airbag geschützt wird, da dieser das Baby verletzen oder sogar töten kann.

Lassen Sie sich beim Kauf eines Autositzes die Funktionen genau erklären. Viele Geschäfte bieten auch an, den Sitz ins Auto einzubauen.

Kleine Schritte

In den letzten Wochen hat sich Ihr Leben enorm verändert. Dinge, die für Sie vorher selbstverständlich waren, wie eine schnelle Einkaufsrunde oder das Treffen von Freunden, sind mit Baby nicht ganz so einfach und brauchen mehr Zeit. Wie bei jeder großen Veränderung kann es eine Weile dauern, sich daran zu gewöhnen. Gehen Sie es langsam an, setzen Sie sich nicht unter Druck und akzeptieren Sie, dass manche Dinge jetzt ganz anders laufen.

Nützlicher Tipp

Wenn Sie nicht ausgehen können, laden Sie Freunde zu sich ein. Die meisten kümmern sich liebend gerne um Ihr neues Baby, während Sie ein Bad nehmen oder das Mittagessen zubereiten.

Beschäftigung fürs Baby

Wenn Sie ein Baby versorgen, haben Sie daheim meist mehr zu tun, aber weniger Zeit dafür. Sich um alles zu kümmern kann stressig sein, besonders dann, wenn das Baby nur zufrieden zu sein scheint, wenn Sie in der Nähe sind. Hier ein paar Ideen, die Ihnen vielleicht helfen.

Aufgaben trotzdem erledigen

Wenn Sie außer Haus Aufgaben zu erledigen haben, können Sie sich das Leben erleichtern, indem Sie das Baby in einen Kinderwagen, eine Babytragetasche, den Autositz oder eine Babywippe setzen und mit nach draußen nehmen. Stellen Sie den Sitz so ab, dass Ihr Baby Sie sehen und hören kann – bitte darauf achten, dass es sicher festgeschnallt ist –, und schauen Sie die ganze Zeit nach ihm und reden mit ihm, während Sie Ihre Aufgaben erledigen. Denken Sie bitte daran, das Baby warm zu halten, vor der Sonne zu schützen und als Schutz vor Insekten und Katzen ein Netz anzubringen.

Ist das Baby in einer Babywippe oder -tragetasche, im Kinderwagen oder Autositz nicht zufrieden, können Sie versuchen, es in ein Baby-Tragetuch zu legen. So kann das Baby in Ihrer Nähe sein und Sie hören und riechen, ohne dass Sie an einem Ort bleiben müssen. Prüfen Sie regelmäßig, ob das Baby für das Tragetuch nicht zu schwer ist. Mit drei Monaten sind manche schon zu schwer, so dass Sie sich durch das Tragen den Rücken verletzen können.

Oft ist Ihr Baby schon zufrieden, wenn es Sie vom Autositz aus beobachten kann . . .

. . . oder in der Wippe schaukelt, solange Sie mit ihm reden.

Mit einem Baby-Tragetuch haben Sie Ihre Hände frei, aber Sie müssen den Kopf des Babys stützen. Diese Art Tragetuch ist für Neugeborene nicht geeignet, da sie eines mit Kopfstütze brauchen.

Sicherheit

Die meisten Babywippen können schon einige Wochen nach der Geburt sicher benutzt werden, einige sogar früher. Wippen jedoch nie auf einer rutschigen oder instabilen Oberfläche benutzen. Am besten auf den Boden stellen.

Windeln wechseln mit Vergnügen

Dem Baby die Windel zu wechseln ist etwas, das Sie in den nächsten Monaten tausende Male tun werden. Wenn Sie diese leidige Aufgabe für sich beide möglichst angenehm gestalten, hat das Baby bestimmt mehr davon als nur einen sauberen, trockenen Po. Hier sind einige Tipps für ein vergnügliches Windeln wechseln.

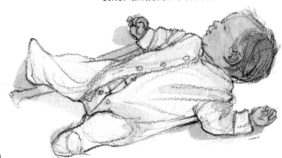

- Sprechen Sie beim Wechseln der Windel mit Ihrem Baby. Es versteht zwar noch nichts, wird Ihnen aber zuhören und lernen.

- Die meisten Babys lieben es, in einem warmen Zimmer eine Zeit lang „unten ohne" zu bleiben. Legen Sie das Baby auf ein Handtuch auf den Fußboden.

- Einige Babys mögen das Windeln wechseln überhaupt nicht. Probieren Sie einmal, Ihr Baby leicht an den Zehen zu kitzeln, um es vom Weinen abzulenken.

- Küssen Sie Ihr Baby oder pusten Sie ihm sanft auf den Bauch. Da der Bauch normalerweise bedeckt ist, bekommt er weniger Streicheleinheiten ab.

Das Windeln wechseln ist eine gute Gelegenheit für die persönliche Interaktion mit einer anderen Person.

Gesichter und Spiegel

In diesem Stadium scheinen Babys fasziniert von Gesichtern – besonders ihrem eigenen. Forschungen haben ergeben, dass es in ihrem Gehirn möglicherweise ein bestimmtes Areal gibt, das Gesichter wiedererkennt. Zunächst konzentrieren sie sich nur auf die zentrale Gesichtspartie und dort auf den unteren Teil, besonders den Mund. In den nächsten Wochen beginnen sie, individuelle Gesichtszüge wahrzunehmen, aber es kann bis zu einem Jahr dauern, bis ein Baby sich selbst erkennt. Wie man Gesichtsausdrücke „liest", ist ein wichtige Fähigkeit, die ein Baby erst lernen muss, und dafür eignet sich ein Spiegel ideal, da es hiermit sein eigenes Gesicht studieren kann und nicht nur Ihres.

Nützlicher Tipp

Seien Sie nicht beunruhigt, wenn das Baby bei einem unbekannten Gesicht weint. Das ist nicht persönlich gemeint, sondern eine ganz normale Reaktion.

1. Halten Sie dem Baby den Spiegel vors Gesicht und sagen Sie: „Sieh mal! Da ist Paul" (nennen Sie den Namen Ihres Babys). Dann nehmen Sie den Spiegel weg und sagen Sie: „Aber wo ist das Baby jetzt?"

2. Halten Sie jetzt das Baby so, dass es über Ihre Schulter sein Gesicht ganz nah im Spiegel sehen kann. Die meisten werden von dem kleinen Gesicht, das sie anschaut, fasziniert sein.

3. Probieren Sie einmal, einen unzerbrechlichen Spiegel unten in die Innenseite des Kinderwagens zu klemmen. So kann das Baby in den Spiegel und wieder wegsehen, wann immer es möchte.

Geräusche, Musik und Lieder

Von dem Moment an, in dem sie die sichere, gedämpfte Umgebung des Mutterleibs verlassen, sind Babys von allen möglichen neuen Geräuschen umgeben. Natürlich brauchen sie noch immer etwas Zeit der Ruhe, aber von totaler Stille lernen sie wenig. Es kann für das Baby und Sie unterhaltsam sein, wenn Sie es mit Geräuschen, Musik und Liedern vertraut machen.

Musik und Stimmung

Selbst ganz kleine Babys scheinen Musik zu genießen und Studien haben bewiesen, dass sie wirklich ihre Stimmung beeinflussen kann. Musik hilft ihnen, ein Rhythmusgefühl zu entwickeln, was wiederum die Sprachentwicklung fördert. Viele Babys tanzen gern in den Armen dessen, der sie hält. Halten Sie das Baby gut fest und tanzen Sie langsam zur Musik. Nah bei Ihnen zu sein, Ihre Freude zu teilen und neue Geräusche zu hören ist für das Baby ein echtes Vergnügen.

- Babys reagieren auf die Musik, die ihre Mama als Schwangere gehört hat, zum Beispiel die Titelmelodie einer Fernsehserie.

- Weinende Babys lassen sich oft durch sanfte, leise Musik beruhigen und erschrecken sich bei lauter Musik.

- Babys mögen einige Lieder lieber als andere und erkennen schnell ihre Lieblingslieder.

- Je öfter Sie ein vertrautes Lied singen desto besser. Babys lernen, indem die Dinge immer wieder wiederholt werden.

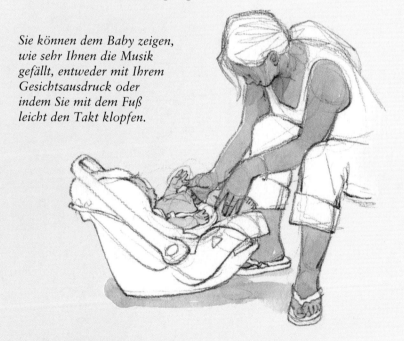

Sie können dem Baby zeigen, wie sehr Ihnen die Musik gefällt, entweder mit Ihrem Gesichtsausdruck oder indem Sie mit dem Fuß leicht den Takt klopfen.

Halten Sie das Baby in Ihren Armen und tanzen Sie langsam zu Musik. Stützen Sie dabei den Kopf des Babys.

Es ist in Ordnung, Ihrem Baby verschiedene Musikarten vorzuspielen. Laut neuerer Forschung reagieren Babys auf klassische Musik genauso, wie wenn sie Menschen sprechen hören: Sie hören dem Fluss und dem Rhythmus aufmerksam zu. Laut einigen Experten trägt das Hören klassischer Musik dazu bei, dass sich Kinder in verschiedenen Lernbereichen besser entwickeln.

Lieder singen

Selbst wenn Sie Ihren Gesang für furchtbar halten, wird Ihr Baby Ihr größter Fan sein. Auf den Seiten 114–117 finden Sie einige Vorschläge für Lieder und Reime, die Sie singen können. Wenn Ihnen das lieber ist, können Sie Kassetten oder CDs mit Musik für Babys kaufen oder aus dem Internet herunterladen. Vor dem Zubettgehen ein Schlaflied zu spielen hat sich gut bewährt, da Ihr Baby diese Musik dann oftmals mit dem „Schlafengehen" verbindet.

Singen ist eine bewährte Methode, um ein quengeliges Baby zu beruhigen.

Was für ein Geräusch ist das?

Neugeborene können alle möglichen Geräusche hören, wissen aber nicht, woher sie stammen. Ab etwa vier Wochen beginnen viele, ihre Augen oder ihren Kopf in Richtung einer Geräuschquelle zu bewegen. Mit Spielzeugen, die rasseln, klingeln, quietschen oder rascheln, können Sie Ihrem Baby helfen herauszufinden, woher ein Geräusch kommt. Die Seiten vieler Babybücher bieten interessante Geräuscheffekte, wenn man sie drückt. Denken Sie daran, dem Baby immer reichlich Zeit und Gelegenheit zu geben, das Geräusch mit dem Gegenstand zu verbinden, der es macht.

Legen Sie einige Münzen oder getrocknete Bohnen in einen Plastikbehälter und verschließen Sie diesen mit einem Deckel. Schütteln Sie den Behälter, das rasselt schön laut.

Beteiligen Sie das Baby an allem, was bei Ihnen zu Hause passiert. Sorgen Sie dafür, dass es viel zu hören gibt, wann immer das Baby wach ist.

Halten Sie dem Baby auf der einen Seite eine Rassel an den Kopf und schütteln Sie sie leicht . . .

Klopfen Sie beim Singen den Rhythmus auf den Fußsohlen des Babys mit. So kann es den Rhythmus „fühlen".

. . . dann bewegt es vielleicht seine Augen oder seinen Kopf in Richtung des Geräuschs.

Sagen Sie oft den Namen des Babys. Es lernt schnell, dass der „Laut" speziell ihm gilt, und dreht sich vielleicht zu Ihnen um oder lächelt.

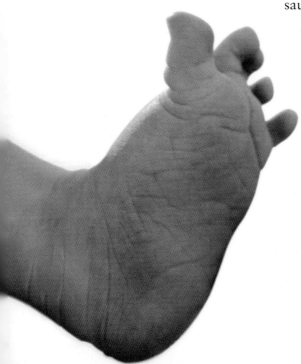

Geben Sie dem Baby Zeit, seine Arme und Beine frei zu bewegen und seine Finger und Zehen zu entdecken.

Sicherheit

Sie sollten Ihr Baby weder drinnen noch draußen unbeaufsichtigt auf einer Decke liegen lassen.

Fäuste und Füße

Am Anfang setzen Babys hauptsächlich ihren Seh-, Geruchs- und Hörsinn ein, um Dinge zu erkunden. Erst später beginnen sie, nach Spielzeugen zu greifen und auf Gegenstände zu schlagen. Gegen Ende der ersten drei Lebensmonate fangen sie an, ihre Arme und Beine viel bewusster zu bewegen. Sie lernen nach und nach, wie verschiedene Körperteile funktionieren und was passiert, wenn sie sie bewegen.

Sie werden beide an Liedern und Reimen Freude haben, bei denen Sie die Finger und Zehen des Babys sanft berühren oder kitzeln. „Da hast 'n Taler" und „Fünf kleine Zappelfinger" eignen sich gut dafür. (Den Wortlaut und die Bewegungen dazu finden Sie auf Seite 116.) Denken Sie daran, dass der Klang und die Begeisterung in Ihrer Stimme wesentlich dazu beitragen, wie viel Spaß das Baby hat. Je öfter Sie die Reime wiederholen, desto eher ahnt das Baby schon vorher, wann das Kitzeln oder die Umarmung kommt. Auch wenn die Wiederholung der Reime Sie ermüdet, für Ihr Baby ist sie ganz entscheidend.

Deckenzeit

Babys können ihre neugewonnenen Bewegungsfähigkeiten nicht entwickeln, wenn sie immer im Bett liegen oder in einem Stuhl oder Kinderwagen festgeschnallt sind. Legen Sie das Baby ruhig einmal auf den Boden auf eine Decke oder einen weichen, sauberen Teppich oder einen trockenen Rasen, wo es seine Arme und Beine vollständig frei bewegen kann. Es ist auch gut für seine Zehen, eine Zeit lang ohne Söckchen zu sein. Die meisten Babys fangen an, ihre eigenen Hände zu untersuchen und dann nach ihren Zehen zu greifen, wenn sie etwa drei Monate alt sind.

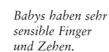

Babys haben sehr sensible Finger und Zehen.

Sich strecken

Babys sind von Natur aus neugierig, aber sie versuchen eher, sich zu strecken oder nach etwas zu greifen, wenn sie es wirklich berühren wollen. Ist das Baby ungefähr drei Monate alt, können Sie das erste über dem Bett hängende Mobile durch einen Babytrainer fürs Bett ersetzen. Er sollte so niedrig angebracht werden, dass ihn das Baby erreichen kann. Es gibt eine große Auswahl an solchen Fitness-Centern in allen möglichen Farben und Formen, die Babys in diesem Stadium interessieren.

Babytrainer zum Kaufen oder Selbermachen

Sie können probieren, aus Alltagsgegenständen selbst einen Babytrainer fürs Bett zu basteln. Damit kann das Baby genauso viel Spaß haben wie mit einem gekauften. Hier einige Vorschläge für Gegenstände, die Sie an einem elastischen Band über dem Babybett befestigen können:

Babys greifen gern nach einem Finger und mögen es, wenn man die Handfläche zart kitzelt.

• *Stopfen Sie Papier in eine saubere Socke. Das fühlt sich beim Treten weich an und macht ein spannendes Geräusch.*

• *Binden Sie einige Kochlöffel oder Ausstechförmchen mit einer Schnur zusammen. Sie klappern, wenn man sie berührt. Verwenden Sie keine Förmchen mit scharfen Kanten.*

• *Hängen Sie einen wollenen Ball auf. Er lässt sich bei Berührung mit Händen und Füßen schön leicht bewegen. Nehmen Sie nichts, bei dem Wollfäden herausgezogen und verschluckt werden können.*

• *Wenn Sie eine Rassel aufhängen, lernt das Baby, dass sie Geräusche macht, wenn sie berührt wird.*

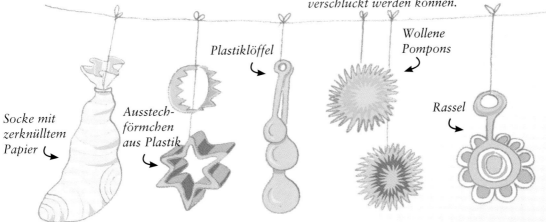

Socke mit zerknülltem Papier

Ausstechförmchen aus Plastik

Plastiklöffel

Wollene Pompons

Rassel

Einige käufliche Babytrainer sind so konzipiert, dass das Baby auf dem Boden darunter liegen kann. Einige haben auch weiche „Nester", in die man das Baby legen kann. Andere sind mit austauschbaren Spielsachen ausgestattet, die für Abwechslung sorgen. Wofür Sie sich auch entscheiden, denken Sie daran, den Babytrainer zu entfernen, wenn sich das Baby langweilt oder frustriert ist, denn es kann sich von allein keine Auszeit nehmen.

Sicherheit

Alle Gegenstände, die Sie für einen Babytrainer benutzen, müssen sicher befestigt sein, damit das Baby sie gefahrlos berühren kann. Sie dürfen sich auf keinen Fall abziehen lassen.

Badezeit

Für ein Baby hat Baden nichts mit Waschen zu tun; es ist ein Spielen im Wasser und eine Gelegenheit, sich der Person, die es wäscht, nah zu fühlen. Außerdem begreift das Baby das Bad schnell als Teil der täglichen Routine, daher kann das Geräusch des laufenden Wassers bewirken, dass es aufgeregt strampelt, weil es weiß, dass jetzt Badezeit ist. Sorgen Sie dafür, dass vor dem Bad alles bereit ist, damit Sie beide das Bad entspannt genießen können.

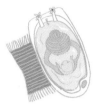

• Stellen Sie sicher, dass das Wasser warm, aber nicht heiß ist. Testen Sie die Wärme, indem Sie zuerst Ihren Ellenbogen ins Wasser halten; das Wasser sollte sich auf der Haut nicht heiß anfühlen.

• Lassen Sie das Baby langsam ins Wasser gleiten. Stützen Sie den Kopf, indem Sie einen Arm hinter seinen Körper und seine Schulter halten. Sprechen Sie weiter, während Sie dies tun.

• Gießen Sie mit Ihrer freien Hand einen Schwall Wasser über den Körper des Babys. Wenn das gut klappt, können Sie probieren, etwas Wasser auf den Bauch rinnen zu lassen.

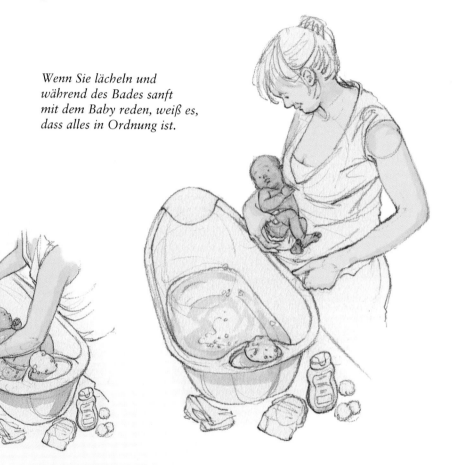

Wenn Sie lächeln und während des Bades sanft mit dem Baby reden, weiß es, dass alles in Ordnung ist.

Ein Bad in warmem Wasser beruhigt die meisten Babys, egal zu welcher Tageszeit.

Sicherheit

Selbst bei geringen Wassermengen können Babys sehr schnell ertrinken. Lassen Sie das Baby niemals allein im Bad, nicht einmal für eine einzige Sekunde.

Nur so zum Spaß

Auch außerhalb der normalen Badezeit kann es Spaß machen, das Baby ausgelassen im Wasser plantschen zu lassen. Auch ein quengeliges Baby kann oft durch ein warmes Bad beruhigt werden. Lassen Sie das Baby nach Herzenslust strampeln und Wasser spritzen. Wenn Sie mit Begeisterung reagieren, macht ihm das Baden noch mehr Freude und das Baby lernt, dass es Spaß macht, im Wasser zu sein.

Gemeinsam baden

Gemeinsam mit dem Baby zu baden kann für Sie beide ein Vergnügen sein, aber es bedarf ein wenig Planung, und ein zweiter Erwachsener sollte in der Nähe sein. Stellen Sie sicher, dass die Wassertemperatur für das Baby angenehm ist (ca. 32–35 °C), was sich für Sie vielleicht ein wenig kühl anfühlt. Ein Badethermometer erleichtert die Kontrolle. Bitten Sie einen zweiten Erwachsenen, Ihnen das Baby zu reichen, wenn Sie in der Wanne sind, und es Ihnen abzunehmen, bevor Sie die Wanne verlassen.

Sobald Babys aus dem Wasser sind, müssen sie schnell abgetrocknet werden, also halten Sie ein Handtuch bereit.

Badespielzeuge

Wenn Sie Spielzeuge bereithalten, die das Baby nur beim Baden sieht, wird das Bad zu einem besonderen Ereignis. Sie können auch nützliche Utensilien zum Ablenken sein, wenn das Baby müde ist und nörgelt. Es gibt viele Badebücher und -spielzeuge; auch Boote und Schwimmenten sind beliebt. Sie können probieren, ein Spielzeug im Wasser zu verstecken und „Guck-Guck" zu spielen. Vielleicht belohnt das Baby Sie mit einem Glucksen, jedes Mal, wenn das Spielzeug auftaucht.

Trocknen Sie die zarte Haut des Babys mit sanften Bewegungen vorsichtig mit dem Handtuch ab.

Massage nach dem Bad

Selbst ganz kleine Babys genießen meist eine sanfte Massage, einige mögen es aber nicht, wenn man über ihren Bauch streicht. Massieren Sie nach folgender Anleitung. Wenn es dem Baby nicht zu gefallen scheint, probieren Sie es an einem anderen Tag noch einmal.

1. Achten Sie darauf, dass es im Zimmer warm ist. Legen Sie das Baby auf ein trockenes Handtuch auf den Wickeltisch oder auf den Fußboden.

2. Geben Sie einige Tropfen Babyöl auf eine Hand. (Verwenden Sie kein Nussöl oder parfümierte Öle.) Reiben Sie die Hände gegeneinander.

3. Streichen Sie mit den Händen über Beine und Arme des Babys. Drehen Sie es um und massieren Sie den Rücken mit sanften Bewegungen.

4. Wenn Sie ruhig mit ihm reden, kann sich das Baby besser entspannen. Wickeln Sie es zum Aufwärmen in das Handtuch ein, bevor Sie es anziehen.

Erkunden mit Hand und Mund

Im Alter von drei bis sechs Monaten finden die meisten Babys heraus, wie sie nach Dingen um sich herum greifen, sie berühren und festhalten können. Sie fangen auch an, sich mehr zu bewegen, und setzen ihre Stimme stärker ein. Die Vorschläge in diesem Kapitel gelten für Babys in diesem Stadium. Denken Sie aber bitte daran, dass sich jedes Baby unterschiedlich schnell entwickelt. Sie sollten sich daher bei den Aktivitäten immer davon leiten lassen, was dem Baby gefällt.

Wie verändert sich das Baby?

In diesen Monaten lernen die meisten Babys, ihre Hände hochzuhalten, wenn sie etwas Interessantes sehen möchten.

Sie fangen an, eine Menge Laute von sich zu geben, sie „brabbeln". Das ist das Anfangsstadium des Spracherwerbs.

Sie lernen, mit ihren Händen Gegenstände festzuhalten und sogar aufzuheben.

Sie lernen, auf dem Fußboden hin- und herzurollen und zu krabbeln. Und wenn man sie um die Brust fasst, können sie stehen.

Spielzeuge und Zähne

Während dieser Monate wollen die meisten Babys Gegenstände berühren oder in den Mund stecken. Ein Spielzeug zu berühren und vor sich festzuhalten ist eine knifflige Fähigkeit, die viel Übung verlangt, bevor man es hinbekommt. In dieser Phase helfen Sie dem Baby am meisten, wenn Sie geduldig bleiben.

Dinge berühren und in den Mund nehmen

Zu lernen wie man Gegenstände berührt und festhält ist harte Arbeit, und Babys werden schnell müde und frustriert. Der Versuch wird viele Male misslingen, aber Sie sollten Geduld haben. Gestalten Sie die Aufgabe interessanter, indem Sie verschiedene Spielzeuge hochhalten, nach denen das Baby greifen kann. Es empfiehlt sich, die Spielzeuge regelmäßig mit heißem Wasser und Seife abzuwaschen, da Babys sie in den Mund stecken. Das machen sie, um Gegenstände zu erkunden, denn die Nervenenden in ihrem Mund sind extrem sensibel.

Der Ärger mit dem Zahnen

Mit etwa sechs Monaten haben viele Babys winzige Zähnchen. „Zahnende" Babys weinen mehr, sabbern und haben rotes, wundes Zahnfleisch. Sie tendieren auch dazu, alles in den Mund zu stecken, also lassen Sie nichts herumliegen, woran das Baby nicht saugen soll.

Zahnende Babys haben oft rote Wangen und wollen an allem saugen, was in ihre Nähe kommt.

1. Halten Sie ein kleines Spielzeug, zum Beispiel eine Rassel, vor das Baby. Halten Sie es still, während das Baby versucht, seine Hand in Richtung Spielzeug zu bewegen.

2. Wenn das Baby das Spielzeug berührt, legen Sie es vorsichtig in seine Handfläche. Vielleicht lässt es das Spielzeug fallen oder versucht, es fest mit den Fingern zu greifen.

3. Viele Babys stecken das Spielzeug gleich in den Mund. Lassen Sie Ihr Baby daran saugen und lecken, bevor Sie es ihm wegnehmen.

Sicherheit

Lassen Sie das Baby niemals Kleinteile halten, die es verschlucken und an denen es ersticken könnte. Stellen Sie sicher, dass die Gegenstände, mit denen es spielt, größer sind als sein Mund.

Die ersten Bücher

Es ist nie zu früh, Babys mit Büchern vertraut zu machen. Laut Forschungsergebnissen profitieren Babys lange, bevor sie ein Wort lesen oder eine Seite umblättern können, auf verschiedene Weise davon, wenn sie sich mit einem Erwachsenen oder einem älteren Kind Bücher ansehen. Kinder im Vorschulalter, die regelmäßig mit einem Erwachsenen „lesen", entwickeln mit größerer Wahrscheinlichkeit gute sprachliche Fähigkeiten. Also lohnt es sich wirklich, Babys laut vorzulesen.

Die Buchauswahl

Sich mit einem Baby ein Buch anzusehen ist eine gute Gelegenheit, etwas Zeit mit ihm zu verbringen, ohne abgelenkt zu werden. Es hilft ihm auch zu verstehen, wie Bücher „funktionieren" und wie man Seiten umdreht. Es gibt eine große Vielfalt an Büchern für Babys. Wenn Sie die Auswahl erschlägt, dann leihen Sie sich erst ein paar Bücher von jemandem, den Sie kennen aus, bevor Sie welche kaufen. So können Sie herausfinden, welche gut ankommen. Die Tipps auf diesen zwei Seiten können Ihnen bei der Auswahl von Babybüchern ebenfalls helfen.

• Babybücher zeichnen sich durch Einfachheit und Wiederholungen aus. Darauf reagieren und das mögen die Babys.

• Bücher geben einen Eindruck, wie Wörter und Bilder zusammen funktionieren.

• Vertraute Wörter immer wieder vorgelesen zu bekommen hilft Babys zu lernen, was sie bedeuten und wie man sie ausspricht.

• Bücher beflügeln die wachsende Fantasie des Kindes und sind ein Quell der Freude, der ein Leben lang erhalten bleiben kann.

Selbst kleine Babys machen es sich gern mit einem guten Buch gemütlich.

Babybücher müssen für Babys sicher sein. Daher sind sie oft aus Pappe, Stoff oder Vinyl.

Laut Studien sind Bücher mit großen Bildern vertrauter Gegenstände ideal. Babys erkennen als Erstes Dinge, die sie jeden Tag sehen.

Was soll ich tun?

Die Experten sind der Ansicht, dass kleine Kinder leichter lesen lernen, wenn sie sehen, dass die Menschen in ihrer Umgebung Spaß am Lesen von Büchern, Zeitungen oder Magazinen haben. Versuchen Sie von Anfang an, die Zeit des Bücherlesens für Sie und das Baby lustig und entspannt zu gestalten.

1. Wählen Sie ein gutes Babybuch und einen Zeitpunkt aus, wenn das Baby nicht müde oder hungrig ist. Setzen Sie sich bequem hin und nehmen Sie das Baby auf den Schoß, damit es die Seiten sehen und berühren kann.

2. Sagen Sie laut die Namen der Gegenstände auf jeder Seite oder zählen Sie sie und zeigen Sie darauf, während Sie das tun. Gibt es auch einen Laut, der zum Bild passt?

3. Machen Sie das Lesen nicht zu einer Formalität und nehmen Sie sich Zeit dabei. Will das Baby lieber nach dem Buch greifen und daran saugen, lassen Sie es. Wenn sich das Baby wegdreht, mag es vielleicht gerade nicht mehr.

4. Sprechen Sie, wenn Sie können, über die Bilder. „Das Auto ist rot", hört sich spannend für ein Baby an, wenn Ihre Stimme spannend klingt. Wiederholen Sie die Wörter mehrere Male.

Es kann leichter sein und kommt Ihnen vielleicht weniger komisch vor, mit dem Baby zu „sprechen", wenn Sie dabei gemeinsam in ein Buch schauen.

Wieder und wieder und wieder . . .

Zugegeben, sich Tag für Tag die gleichen einfachen Bilderbücher ansehen zu müssen kann ganz schön langweilig sein. Versuchen Sie sich ins Gedächtnis zu rufen, dass Babys ein vertrautes Buch, ein Lied oder einen Reim am liebsten immer wieder hören. Das gibt ihnen das sichere Gefühl, dass alles darin gleich bleibt. Irgendwann wird das Baby auch von seinem Lieblingsbuch genug haben und sich für ein neues interessieren – und die Auswahl ist riesig . . .

Schauen Sie nach Stoffbüchern, die rasseln und quietschen und fröhliche bunte Bilder haben.

Pappbücher mit strukturierten Flächen eignen sich prima für kleine Finger.

Ziehharmonikabücher eignen sich ab der Geburt. Sie können am Kinderwagen oder am Kinderbettchen befestigt oder in die Babytragetasche gelegt werden.

Erste Sitzversuche

In diesem Stadium versuchen Babys erstmals, sich aufrecht hinzusetzen. Das tun sie hauptsächlich, damit sie mehr sehen können – aber Sitzen ist gar nicht so einfach. Einige Babys versuchen zum Beispiel ihren Kopf zu heben, wenn sie auf dem Rücken liegen. Unterstützen Sie das Baby, indem Sie es an den Händen halten und leicht ziehen. Das stärkt seine Muskeln und sein Selbstvertrauen.

Sobald Babys ein größeres Bewusstsein für Dinge entwickeln, die um sie herum passieren, wollen sie auch mehr sehen.

Muskelkraft

Babys brauchen viel Kraft, gute Muskelkontrolle und Balance, um sich eigenständig hinsetzen zu können. Sie müssen zuallererst lernen, wie man den Kopf hebt, wofür sie einen starken Rücken und kräftige Nackenmuskeln brauchen. In diesem Stadium beginnen Babys, diese Muskeln zu stärken, indem sie versuchen, in der Bauchlage den Kopf zu heben.

Ist das Baby frustriert, halten Sie seine Hände und heben Sie es vorsichtig in die Sitzposition hoch.

Ab etwa vier Monaten werden die Kopf- und Nackenmuskeln der meisten Babys schnell kräftiger.

Babys lernen, den Kopf zu heben und oben zu halten, wenn sie auf dem Bauch liegen. Aber das ist sehr anstrengend für sie.

Nützlicher Tipp

Halten Sie einen Plastikspiegel vor das Baby, wenn es auf dem Bauch liegt. Nun kann es sich selbst im Spiegel sehen, wenn sein Kopf angehoben ist.

Sie können das Baby ermuntern, indem Sie sich neben es legen, so dass Ihre Gesichter zueinander zeigen. Es kopiert Ihre Bewegung und hat das Gefühl, für seine Mühe belohnt zu werden. Hebt das Baby seinen Kopf, heben Sie auch Ihren, lächeln und sagen „Buh!". Auch älteren Geschwistern kann das Vergnügen bereiten, da Babys meist herzhaft lachen, wenn sie von einem anderen Gesicht begrüßt werden. Hören Sie aber mit dem Spiel auf, sobald das Baby müde ist.

Welche Spielzeuge sind richtig?

Sobald das Baby gelernt hat, aufrecht zu sitzen, können Sie probieren, ihm einen sicheren Spielbereich auf dem Fußboden einzurichten. Bauen Sie eine „Stützmauer" aus Kissen hinter dem Baby auf und legen Sie ihm verstreut einige Spielsachen oder ungefährliche Alltagsgegenstände hin. In diesem Stadium können Babys nur einen Gegenstand gleichzeitig hochheben und betrachten. Studien zeigen, dass sie verwirrt werden können, wenn man ihnen zu viele Sachen auf einmal gibt. Denken Sie daran: Wenn die Spielzeuge wegrollen, kann das Baby sie nicht zurückholen. Daher sollten Sie lieber Gegenstände wählen, die nicht rollen, oder in der Nähe sein, um sie zurückzurollen.

In diesem Alter interessieren sich Babys hauptsächlich dafür, was sie mit den Spielsachen anstellen können. Geben Sie Ihrem Baby zwei oder drei unterschiedliche Spielsachen. Es wird daran saugen, sie berühren und erkunden und auf seine Art daraus lernen.

Eine „Wand" aus Bodenkissen hilft dem Baby, aufrecht zu sitzen.

Sicherheit

Lassen Sie ein mit Kissen gestütztes Baby niemals allein. Es kann stürzen oder ausrutschen und bekommt dann vielleicht keine Luft mehr.

Activity Center

Activity Center sind bei den meisten Babys im Alter von etwa fünf Monaten beliebt und ideal, wenn sie gerade das Aufrechtsitzen gelernt haben. Sie bestehen aus beweglichen Elementen, fühlen sich spannend an, machen Geräusche und sind extra so konzipiert, dass Babys sie mit Spaß betrachten und erkunden. Bei diesem Spielzeug lohnt sich der Kauf.

Bei einem Activity Center gibt es für ein sitzendes Baby viel zu entdecken.

Frühsport

In diesem Stadium können Babys weder krabbeln noch laufen, aber die meisten mögen es, zu rollen, zu strampeln und zu wippen. Mit solchen Aktivitäten stärken sie ihre Muskeln und bereiten sich auf spätere Alleingänge vor. Es ist einfach, dem Baby die Möglichkeit zu geben, sich zu strecken und zu bewegen. Sie müssen aber einschätzen, ob es dazu schon in der Lage ist. Manche Babys können zum Beispiel ihren Kopf noch nicht so lange oben halten und ermüden schnell. Lassen Sie das Baby seinen eigenen Takt finden und hören Sie auf, wenn die Aktivität keinen Spaß mehr macht.

Die meisten Babys haben es gern, wenn sie sich auf einer großen, sicheren Fläche frei bewegen können. Räumen Sie daher alles weg, was im Weg sein könnte und breiten Sie auf dem Boden eine Decke aus. Wenn Sie einige Spielzeuge auslegen oder sich in die Nähe des Babys legen, wird es sich noch stärker strecken wollen.

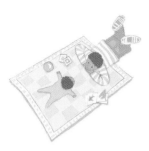

Eine große saubere Decke auf dem Fußboden ist ein sicherer Spielbereich, aber Sie sollten das Baby immer beaufsichtigen.

Wippen, sich strecken und andere aktive Spiele helfen dem Baby, seine Muskeln zu stärken.

Nützlicher Tipp

Wählen Sie die Zeit für Wippspiele mit Bedacht. Sie sind zum Beispiel nicht ratsam, wenn das Baby müde ist oder kürzlich erst Milch getrunken hat.

Kinderreime

Einige Kinderreime, Mitmach-Reime und Lieder sind ideal für Babys, die gern wippen. Gut geeignet sind zum Beispiel „Hoppe, hoppe Reiter" und „So fahren die Damen", eine Auswahl finden Sie auf den Seiten 114–117. Die Forschung hat ergeben, dass Babys in diesem Stadium beginnen, Reime zu erkennen, die man ihnen regelmäßig vorsingt. Nach und nach lernen sie, „vorherzusehen", wann sie in die Luft gehoben werden oder auf dem Schoß wippen und quittieren das mit einem Lächeln des Wiedererkennens oder strahlenden Augen.

Reime und Lieder, in denen ein wenig gehüpft und gekitzelt wird, kommen gut an.

Die Beine strecken

Viele Babys strecken gern ihre Beine.
Sie können zwei Dinge tun, damit das
Baby sich strecken und seine Beinmuskeln
beugen kann und dabei Spaß hat. Wenn Sie
zu den Mutigen gehören, legen Sie ein Handtuch
auf Ihre Knie oder den Wickeltisch und lassen Sie das
Baby diese Beinstreckaktivitäten ohne Windel machen.

*Ein Fuß auf
jedem Knie*

*Versuchen Sie, das Baby auf Ihren
Knien stehen zu lassen, während
Sie es an der Taille oder am
Brustkorb festhalten. So kann es
ein paar Minuten vergnügt wippen,
aber Sie müssen ihm helfen, sich
wieder hinzusetzen.*

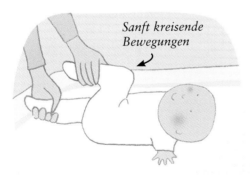

*Sanft kreisende
Bewegungen*

*Sie können die Beine des Babys
auch strecken, indem Sie sie, wenn
es auf dem Boden oder Wickeltisch
liegt, sanft „kreisen" lassen. Lassen
Sie das Baby seine Beine gegen Ihre
Hände drücken.*

*Es braucht Konzentration
und Entschlossenheit,
um zu lernen, wie man
seine Beine bewegt; dies
kann für Babys sehr
anstrengend sein.*

Sicherheit

Lassen Sie Ihr Baby nie
unbeaufsichtigt auf dem
Wickeltisch liegen. Es könnte
leicht herunterfallen.

In Bewegung

Im zweiten Lebenshalbjahr lernen Babys von allein zu sitzen und zu krabbeln und versuchen vielleicht sogar schon zu laufen. Viele werden ihre ersten „Wörter" sprechen und sich an verschiedene neue Lebensmittel gewöhnen. Jedes Kind erreicht diese Meilensteine in seinem eigenen Takt, der sehr unterschiedlich sein kann. Denken Sie daran: Wenn Sie einem Baby verschiedene Möglichkeiten bieten, zu lernen und sich zu entwickeln, wird es das auch tun.

Wie verändert sich das Baby?

Nach sechs Monaten sind die meisten Babys bereit, feste Nahrung zu probieren. Mit 12 Monaten können sie alle möglichen Sachen essen, wenn diese kleingeschnitten sind.

Babys können ihre Hände viel besser benutzen und lernen, wie man Gegenstände zusammensetzt und auseinandernimmt.

Die individuelle Persönlichkeit des Babys zeigt sich immer deutlicher. Es kann auch frustriert sein und Zorn zeigen.

Mit etwa neun Monaten lernen die meisten Babys zu krabbeln. Es kann sein, dass sie sich unglaublich schnell bewegen und klettern.

Einige Babys laufen bereits, bevor sie ein Jahr alt sind, aber viele probieren ihre ersten wackeligen Schritte, wenn sie an der Hand gehalten werden.

Essen mit Spaß

Die Gesundheitsexperten sind sich einig, dass die meisten Babys, bis sie sechs Monate alt sind, als Nahrung nur Muttermilch oder Muttermilchersatz brauchen. Babys sollten in den nächsten Monaten Schritt für Schritt an feste Nahrung gewöhnt werden. Auf der rechten Seite finden Sie einige Ideen, die Ihnen helfen sollen, die ersten Erfahrungen des Babys mit Lebensmitteln und Essen positiv zu gestalten. Für einige Babys ist das Essen von einem Löffel am Anfang etwas schwierig. Sie müssen es erst üben und sich daran gewöhnen, denn das ist ganz anders als das Trinken aus der Brust oder Flasche und fühlt sich in ihrem Mund komisch an.

Studien zeigen, dass Kinder, die an viele verschiedene Geschmacksrichtungen und Konsistenzen herangeführt werden, mit geringerer Wahrscheinlichkeit später zu schlechten Essern werden. Beim Ausprobieren werden Sie vielleicht feststellen, dass das Baby Lebensmittel bevorzugt, die interessant aussehen. Das Wiedererkennen von Lebensmitteln in Büchern und Zeitschriften kann die Vorstellung verstärken, dass „Essen gut ist".

- Wenn ein Baby das Essen vom Löffel gleich wieder ausspuckt, ist das völlig normal. Probieren Sie es einfach weiter . . . und bleiben Sie ruhig.

- Belohnen Sie das Herunterschlucken des Essens mit viel Lächeln und Lob. Versuchen Sie, positiv zu bleiben.

- Wenn das Baby die Lippen zusammenpresst, öffnen Sie Ihren Mund. Wenn es Sie nachmacht, stecken Sie ihm den Löffel in den Mund.

- Es kann das füttern erleichtern, wenn Sie dem Baby einen Löffel zum Spielen geben, während Sie es mit einem zweiten Löffel füttern.

Friedlich bleiben bei Ferkeleien

Babys reagieren auf die Stimmung ihrer Bezugspersonen. Auch wenn es schwerfällt: Seien Sie nicht gleich verärgert, wenn das Baby eine Ferkelei veranstaltet oder nicht viel isst. Ihre Aufgabe besteht darin, seine Mahlzeiten so angenehm und stressfrei wie möglich zu gestalten.

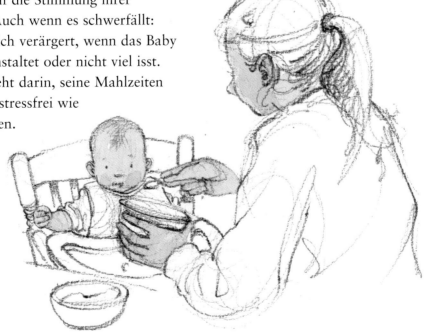

Babys brauchen anfangs viel Aufmunterung, um vom Löffel zu essen.

Babysprache

Babys lernen sprechen, lange bevor sie etwas sagen. In den ersten Lebensmonaten hören sie zu, was die Menschen um sie herum sagen und speichern diese Laute und Rhythmen bis zu dem Tag, an dem sie bereit sind, ein erkennbares Wort von sich zu geben. Das passiert meist, wenn das Baby etwas über ein Jahr alt ist. Es gibt viele einfache Methoden, um Babys zum Sprechen zu ermuntern.

Je mehr Sie das Plappern des Babys mit Lächeln, Umarmungen oder Worten beantworten, desto eher wird es „sprechen" wollen.

Wie Gespräche funktionieren lernen Babys, indem sie Ihnen zuhören.

• Babys, mit denen viel gesprochen wird, haben im Alter von zwei Jahren einen viel größeren Wortschatz.

• Die Forschung hat ergeben, dass Kinder, die gut sprechen und zuhören können, später mit hoher Wahrscheinlichkeit auch gut lesen und schreiben können.

• Lieder, Kinderreime, Mitmach-Reime und Babybücher tragen alle dazu bei, dem Baby beim Sprechenlernen zu helfen. Wie man Bücher mit Babys liest, erfahren Sie auf den Seiten 24–25.

Mit dem Baby plaudern

Die ersten Babylaute sind überall auf der Welt gleich. Meist sind es „aaah"- oder „oooh"-Laute. Nach einigen Wochen fügen die meisten „m", „p" und „b" hinzu und bilden Laute wie „maaa" und „paaa". Sobald sie mehrere solche Laute hintereinander von sich geben, spricht man von Plappern. Babys plappern auch dann vor sich hin, wenn niemand reagiert. „Antwortet" man ihnen jedoch, werden sie versuchen, noch mehr und auch andere Laute zu bilden.

Babys, die viele Gespräche hören, lernen, dass man Pausen macht, damit der andere zu Wort kommt. Schon ab drei Monaten warten Babys auf eine Antwort, nachdem sie etwas „gesagt" haben. Um Ihrem Baby beim Lernen zu helfen, warten Sie, bis es mit dem Plappern fertig ist, und antworten dann auf irgendeine Art. Wenn es weiter plappert, machen Sie wieder eine Pause und antworten dann erneut.

Was soll ich sagen?

Die Vorstellung, mit einem Baby zu sprechen, ist eigentlich ganz einfach. Trotzdem kann es Ihnen komisch vorkommen mit jemandem zu reden, der nicht antwortet. In diesem Stadium haben Babys es gern, wenn man die Dinge ständig wiederholt; es hilft ihnen beim Lernen. Eine gute Methode, um immer wieder die gleichen Sprachmuster anzuwenden, sind Spiele, bei denen man erst etwas versteckt und es dann wieder hervorholt. Ihrem Baby wird es sicherlich großen Spaß machen, wenn Sie die Laute nachahmen, die es produziert. Auf der rechten Seite finden Sie ein paar Ideen zum Ausprobieren.

- Beschreiben Sie Alltagsaktivitäten. Sätze wie „Zeit, deine Windel zu wechseln" werden Sie viele Male sagen, aber Wiederholungen sind gut.

- Es ist nicht nötig, dass Sie jedes Wort überdeutlich aussprechen. Es ist aber hilfreich, wichtige Alltagswörter wie „Löffel" oder „Becher" deutlich auszusprechen.

- Lassen Sie das Baby Ihren Mund sehen, sobald Sie etwas sagen. Wenn Sie es vor einen Spiegel halten und sprechen, versucht es vielleicht nachzumachen, was Ihr Mund macht.

- Vielleicht mag es etwas übertrieben scheinen, wenn Sie alle Dinge des Alltags für das Baby kommentieren, aber über einige Dinge zu sprechen, die Sie beide sehen und tun, kann auch Spaß machen.

Kleine Sprachlerner

Erstaunlicherweise wird jedes Baby mit der Fähigkeit geboren, alle Grundlaute in allen Sprachen der Welt zu erlernen. Mit etwa einem Jahr hat es diese Fähigkeit verloren und konzentriert sich auf die Sprache (oder Sprachen), die am meisten um es herum gesprochen wird. Wenn die Eltern oder andere nahestehende Personen verschiedene Sprachen sprechen, empfehlen Experten, dass die jeweilige Person in Gegenwart des Babys nur ihre Muttersprache spricht, auch wenn das nicht die Hauptsprache ist, die das Baby als Kind später in der Schule verwenden wird.

Lassen Sie das Baby, während Sie sprechen, Ihren Mund sehen und berühren.

Nützlicher Tipp

Wenn Sie Ihr Baby direkt anschauen und sein Plappern mit Begeisterung quittieren, ermuntern Sie es noch mehr zum Sprechen.

Musik machen

In diesem Stadium mögen es die meisten Babys, wenn man sie beim gemeinsamen Musikmachen auf den Knien wippt oder an den Beinen herunterrutschen lässt. Babys sorgen selbst für Begleitung, indem sie mit Spielzeugen gegen ihre Hochstuhlablage schlagen oder fröhlich jauchzen. Viele wiegen ihren Körper auch gern im Takt der Musik. Neuere Forschungen zeigen, dass das Hören von Musik eine der besten Methoden ist, um Babys und Kleinkinder mit Rhythmen, Bewegung und Lauten vertraut zu machen.

Nützlicher Tipp

Xylophone und Trommeln sind ideale Spielinstrumente für Babys ab neun Monaten.

Mit etwa 9–12 Monaten können Babys in die Hände klatschen.

Kastagnetten für Babys machen wunderbare Klappergeräusche.

Spielsachen die Geräusche machen

Für diese Altersgruppe gibt es jede Menge verschiedene Musik-spielzeuge, aber es kann sein, dass sie dem Baby nicht besser gefallen als einfache Gegenstände, die Geräusche machen. Probieren Sie einmal eine Musiksession mit einigen hausgemachten Instrumenten, wofür Sie unten Vorschläge finden.

Handglöckchen können Babys leicht halten und zum Klingeln bringen.

• Pfannen, Dosen und Eimer werden zu Trommeln, wenn man mit dem Löffel auf sie schlägt. So lernen Babys das Prinzip von Ursache und Wirkung: „Wenn ich draufschlage, macht es ein Geräusch."

• Legen Sie einige getrocknete Bohnen in eine Papprolle. Kleben Sie die Enden zu und lassen Sie das Baby hören, wie es klingt, wenn Sie die Rolle seitlich kippen.

• Legen Sie einige trockene Nudeln in einen Plastik- oder Joghurtbecher, kleben Sie ihn oben zu und benutzen Sie ihn als Rassel. Achten Sie darauf, dass die Verklebung dem Quetschen und Saugen des Babys standhält.

• Zeigen Sie dem Baby, wie man zwei Plastikbecher aneinander schlägt, um das Geräusch von klappernden Pferdehufen zu erzeugen.

Musikgeräte

Einen CD-Spieler oder Kassettenrekorder für kleine Kinder zu kaufen kann aus verschiedenen Gründen eine gute Idee sein. Babys hören gern ihre eigene Musik und lernen, die großen Knöpfe zu bedienen. Es wird für sie oft zum Spiel, die Musik auf Knopfdruck zu starten und zu stoppen.

• Mit Liedern, in denen Geräusche wie das „Hupen" eines Zuges oder das „Quaken" einer Ente vorkommen, kann man Babys auf amüsante Weise helfen, Geräusche zu hören und sie zu kopieren.

• Bei einer Musikgruppe mitzumachen ist eine gesellige Erfahrung für Sie und das Baby und eine gute Methode, um ein paar neue Lieder zu lernen.

• Mitmach-Reime fördern das Gedächtnis des Babys. Es muss sich, wenn Sie singen, daran erinnern, wann es „einen Kuchen backen" oder „im Kreis herumtanzen" soll.

• Wenn Sie den Rhythmus der Wörter aus den Liedern mitklopfen, können Sie dem Baby helfen, sich an sie zu erinnern und sie später beim Sprechen zu benutzen.

Zeigen Sie dem Baby, wie der Startknopf auf dem Musikabspielgerät funktioniert.

Ermuntern Sie das Baby, zu zappeln, „mitzusingen" oder im Takt der Musik eine Rassel zu schütteln.

Fragen und Antworten

Geräusche und Laute aller Art zu hören und selbst zu machen hilft dem Baby, Laute und Muster in der Sprache wiederzuerkennen. Die Fähigkeit, zuhören zu können, benötigt es, um Sprechen zu lernen. Sie können sie fördern, indem Sie mit dem Baby ein musikalisches „Gespräch" führen. Geben Sie ihm eine Rassel und halten Sie selbst eine in der Hand. Schütteln Sie Ihre und beobachten Sie, ob das Baby seine als Antwort darauf auch schüttelt. Diese Aktivität eignet sich prima für ältere Geschwister, die oftmals dem Baby gern etwas beibringen.

Tanzen

Die meisten Babys in diesem Alter möchten gern stehen. Daher ist das gemeinsame Tanzen eine ideale Aktivität. Wenn Sie das Baby bei den Händen halten, wird es fröhlich auf und ab wippen. Welche Musik Sie dafür wählen, ist Ihnen überlassen. Probieren Sie Bewegungen aus, zum Beispiel mit den Füßen im Takt der Musik aufzustampfen. Die meisten Babys versuchen Sie nachzumachen und das fördert ihre Koordination.

Das Baby kann den Rhythmus spüren, wenn Sie es auf den Schoß nehmen und mit den Füßen im Takt stampfen.

Krabbeln lernen

In diesem Stadium sind Babys sehr neugierig und werden mobiler. Das bedeutet, sie kommen vielleicht an Gegenstände heran, die vorher unerreichbar waren, daher ist Sicherheit jetzt besonders wichtig. Auf diesen Seiten geben wir Ihnen einige Tipps, wie das Baby sicher und mit Spaß krabbeln lernt.

Roller und Rutscher

Babys lernen das Krabbeln zu unterschiedlichen Zeiten und auf unterschiedliche Art. Einige bewegen sich wie Krebse, andere ziehen sich über ihren Po vorwärts und wieder andere krabbeln überhaupt nicht, sondern rollen oder rutschen. Das Hauptziel all dieser Bemühungen ist es, die Umgebung zu erkunden, aber das kann für viele Babys frustrierend sein. Experten sind der Ansicht, dass Babys mehrere Fähigkeiten erlernen müssen, um zu krabbeln und sich fortzubewegen. Das Gehirn „sieht" Arme und Beine des Babys und sendet Botschaften an die Gliedmaßen, die ihnen sagen, wie sie sich bewegen müssen. Es können etliche Versuche nötig sein, bevor Gehirn und Gliedmaßen sich daran erinnern, was sie tun müssen.

Zunächst reicht es Babys noch, an einem Platz zu sitzen und sich Gegenstände anzusehen . . .

Nach und nach realisieren sie, dass es da drüben noch interessantere Dinge zu sehen geben könnte.

Ihren Körper dazu zu bewegen, zu tun, was er soll, ist für Babys eine ziemliche Kraftanstrengung.

Nützlicher Tipp

Wenn ein Baby einen Großteil der Zeit im Laufstall, Hochstuhl oder Kinderwagen verbringt, kann es das Krabbeln nicht lernen. Es braucht „Auslauf" auf dem Boden, aber lassen Sie das Baby nie unbeaufsichtigt.

Wenn das Baby frustriert ist, weil es nicht vorankommt, legen Sie ein Stück entfernt ein vertrautes Spielzeug hin, um es zu ermuntern. Sitzen Sie vor ihm auf dem Fußboden, wird es sich vermutlich anstrengen, Sie zu erreichen.

Auf die Plätze, fertig . . . krabbeln!

Das Einzige, was ein Baby zum Krabbelnlernen braucht, ist ein (Fuß-)Boden. Die Hosen schützen seine Beine, aber richten Sie sich auf schmutzige Knie ein. Es ist nicht nötig, dass Sie für das Baby alle Ihre Möbel umstellen, aber achten Sie bitte darauf, dass nichts Gefährliches herumliegt und behalten Sie es im Auge.

Belohnen Sie Ihr Baby mit einem Lächeln und nehmen Sie es in den Arm, wenn es genug hat. Einige Babys mögen es nicht, zu lange auf dem Bauch zu liegen, und beginnen zu weinen. Wie bei den meisten in diesem Buch vorgeschlagenen Aktivitäten gefällt es Babys am allerbesten, wenn Sie mitmachen. Hier ein paar Tipps, wie Sie Krabbelanfänger ermuntern können:

Ziehen Sie einem Baby, das krabbeln lernt, dicke Hosen oder Strumpfhosen an.

Anfangs ermüden Krabbelanfänger schnell.

· Knien Sie sich neben das Baby und veranstalten Sie mit ihm ein kleines Krabbelwettrennen.

· Wenn Sie vor dem Baby krabbeln, kann es sein, dass es Ihnen folgt.

· Lassen Sie das Baby auf trockenem Rasen krabbeln (aber bitte erst prüfen, ob es sicher ist). Das kann für es leichter und interessanter sein.

Sicher und unterhaltsam

Zwar sind die zunehmende Neugier und Mobilität des Babys eine wunderbare Sache, aber dafür nicht immer praktisch und auch nicht ungefährlich, wenn es zum Beispiel den Inhalt Ihrer Küchenschränke ausleert oder um Ihre Füße herumkrabbelt, während Sie gerade kochen. Hier ein paar Tipps, wie Sie ein eifriges Baby zu Hause ohne Gefahr unterhalten können:

Sicherheit

Stellen Sie immer sicher, dass sich kein Hundekot und keine Scherben oder sonstige Gefahrenquellen auf dem Boden befinden, bevor Sie das Baby draußen herumkrabbeln lassen.

Lassen Sie das Baby mit ungefährlichen Gegenständen spielen, die Sie in einem Küchenschrank aufbewahren. Schließen Sie die anderen Schränke kindersicher ab.

Setzen Sie das Baby, wenn Sie kochen oder telefonieren, in den Laufstall oder ins Kinderbett. Sorgen Sie dafür, dass es etwas zum Spielen hat.

Befestigen Sie (mit einem elastischen Band) Spielzeuge am Hochstuhl, damit das Baby sie wieder einsammeln kann, wenn sie herunterfallen. Das „Fischen" nach Dingen kann zum Lieblingsspiel werden.

Kleine Entdecker

Krabbelnde Babys würden am liebsten alles erkunden, und es gibt viele Möglichkeiten, wie Sie ihnen dabei helfen können. Wenn dabei nicht alles glatt läuft, ist das Baby auf Ihre Geduld und Ihr Verständnis angewiesen. Es ist wichtig, ein Gespür dafür zu entwickeln, wie sich Ihr Baby fühlt, wenn das Ausprobieren neuer Dinge nicht klappt. Selbstvertrauen ist für Babys genauso wichtig wie für Erwachsene.

Abenteuer im Haus

Wenn Sie im Zimmer für das Baby einen Hindernisparcours aufbauen, bieten Sie ihm ein richtiges Abenteuer. Es ist eigentlich egal, wie oder ob es durch den Parcours findet, solange ihm die Entdeckungsreise Spaß macht. Auf der linken Seite finden Sie hierzu einige Vorschläge. Bleiben Sie in der Nähe, da einige Babys Hilfe brauchen, wenn sie nicht weiterkommen. Andere möchten die Dinge lieber allein in die Hand nehmen. Sie können auch vertraute kleine Spielsachen oder Babybücher dazulegen, um sein Interesse zu steigern. Es kann dann selbst entscheiden, ob es innehält, um damit zu spielen, oder nicht.

Eine über mehrere Stühle gespannte Decke ergibt ein einfaches Spielzelt.

Einen Berg Kissen kann das Baby prima durchpflügen oder darüber hinweg krabbeln.

Ein auf die Seite gekippter leerer Wäschekorb kann eine aufregende Höhle sein.

Lassen Sie das Baby bestimmen, wann es sich auf seiner Entdeckungsreise bewegt oder eine Pause einlegt.

Auch große Pappkartons sind bei krabbelnden Babys sehr beliebt.

Treppen hochkrabbeln

In diesem Stadium sind Babys begeisterte Kletterer, speziell, wenn es um Treppen geht. Dies kann aber besondere Risiken mit sich bringen. Babys müssen lernen, wie sie Treppen sicher hoch- und wieder hinunterkommen. Nehmen Sie sich also etwas Zeit, um dem Baby zu zeigen, wie das geht. Ein am Fuß der Treppe montiertes Treppenschutzgitter verhindert, dass das Baby die Treppe hochkrabbelt, wenn Sie es nicht sehen. Lassen Sie das Baby ein oder zwei Stufen hochklettern, dann müssen Sie für den Fall, dass es sich zurücklehnt, hinter ihm bleiben. Sie sollten am oberen Ende jedes Treppenaufganges ein Treppenschutzgitter montieren, damit Sie entscheiden können, wann das Baby hinunter krabbeln darf. Nehmen Sie sich etwas Zeit, um dem Baby zu zeigen, wie es die Treppe herunterkommt, indem es bäuchlings rückwärts herunterrutscht.

Wenn das Baby beginnt Treppen hochzuklettern, bleiben Sie dicht hinter ihm.

Am Anfang können Babys noch nicht lange aufrecht stehen.

Erste Stehversuche

Es dauert nicht lange, bis neugierige, krabbelnde Babys wissen wollen, was es auf dem Stuhl oder im Regal zu sehen gibt. Sie fangen an, sich hochzuziehen, was sehr anstrengend ist. Es ist für sie aber auch sehr spannend, wenn es ihnen schließlich gelingt.

Der Oberkörper des Babys ist viel kräftiger als die untere Körperhälfte, daher schafft es oft, sich hochzuziehen, aber seine Beinmuskeln sind nicht kräftig genug, um ihm im Stehen lange Halt zu geben. Lassen Sie zu, dass das Baby sich an Ihren Beinen, robusten Möbeln, Spielzeugen, Gitterstäben oder Laufställen hochzieht, und helfen Sie ihm, falls nötig, wieder herunter.

Wenn sie müde sind, lassen sie sich einfach wieder fallen.

In der Lauflernphase klammern sich Babys gerne an alle Gegenstände in ihrer Nähe.

Auf und davon

Auch wenn einige Babys ihre ersten Schritte erst machen, wenn sie gut ein Jahr alt sind, so gehen manche direkt vom Krabbeln zum Laufen über. Die meisten hangeln sich in der Zwischenzeit von Haltepunkt zu Haltepunkt, bevor sie wirklich laufen können. In dieser Lauflernphase muss man Babys für ihre Anstrengungen viel loben und ihnen vielleicht auch helfen. Sie werden wahrscheinlich viele Male umfallen und brauchen dann Aufmunterung. Die Koordinationsfähigkeit zu beherrschen, ist nicht einfach.

Laufen lernen

Stellen Sie Stühle in einer Reihe auf und lassen Sie jeweils eine kleine Lücke dazwischen. Lassen Sie das Baby sich von Stuhl zu Stuhl hangeln; vergrößern Sie dann nach einer Weile den Abstand, damit das Baby kurz merkt, wie es ist zu stehen. Einige Babys haben Spaß daran, schnell aufzustehen, sich hinzusetzen und sich von Gegenstand zu Gegenstand zu hangeln. Setzen Sie sich einfach aufs Sofa und sehen Sie entspannt zu, wie Ihr Baby in Ihrer Umgebung seine ersten Gehversuche macht. Sobald das Baby einige Schritte von allein gegangen ist, können ihm einige einfache Aktivitäten helfen, seine Fähigkeiten und sein Selbstvertrauen zu fördern. Auf der linken Seite finden Sie drei Vorschläge hierzu.

- Setzen Sie sich auf den Fußboden vor das Baby. Öffnen Sie Ihre Arme und rufen Sie es für eine Umarmung oder eine Kitzeleinheit zu sich.

- Halten Sie das Baby an beiden Händen fest und gehen Sie mit ihm ein Stück laufen. Danach soll es sich nur noch an Ihren Fingern festhalten und dann an einer Hand.

- Warten Sie, bis es sein Gleichgewicht gefunden hat, und laufen Sie dann langsam neben ihm her. Seien Sie darauf vorbereitet, es aufzufangen, wenn es fällt.

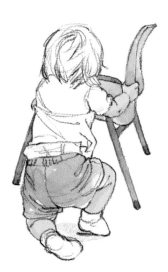

Babys in der Lauflernphase ziehen sich immer wieder in den Stand hoch.

Mit der Zeit lässt das Bedürfnis nach, sich beim Stehen an etwas festzuhalten.

Immer schön langsam

Sich um ein Baby zu kümmern, das gerade laufen gelernt hat, hat seine Vor- und Nachteile. Vielleicht müssen Sie es weniger tragen, aber dafür müssen Sie überall sehr, sehr langsam gehen. Vielleicht möchte das Baby gern laufen, aber nicht unbedingt dahin, wo Sie hin wollen. Wenn Sie nicht in Eile sind, geben Sie ihm, wann immer es geht, die Möglichkeit, dahin zu laufen, wohin es gern möchte. Dem Baby macht das Laufen Spaß, also reagieren Sie verständnisvoll. In diesem Stadium sollten Sie das Baby so oft es geht barfuß laufen lassen, so dass auch die Muskeln der Zehen und Füße gut trainiert werden.

Ein Sturz, eine Veränderung im Tagesablauf oder eine harmlose Krankheit kann dazu führen, dass ein seit Kurzem laufendes Baby eine Weile wieder krabbelt. Am Boden fühlt es sich vielleicht sicherer, wird aber bald wieder auf den Füßen sein.

Sicher laufen

Für Babys, die gerade laufen gelernt haben, gibt es Socken mit Antirutschsohle zu kaufen. Gewöhnliche Socken sind auf glatten Böden nicht sicher, da das Baby ausrutschen könnte. Es gibt auch spezielle Laufspielzeuge zu kaufen, aber nicht alle sind gleichermaßen hilfreich.

• Spielzeuge zum Hinterherziehen sind gut geeignet für Babys, die krabbeln oder ein paar Schritte gehen können. Achten Sie aber darauf, dass sich die Beine nicht in Schnüren verfangen.

• Einige rollende Schiebespielzeuge können so schnell werden, dass das Baby mit ihnen nicht Schritt halten kann. Damit sollten Sie warten, bis das Baby sicher hinter ihnen herlaufen kann.

• Lauflernhilfen auf Rädern, in denen das Baby sitzt, werden nicht empfohlen. Sie können sehr gefährlich sein, da sie umkippen und das Baby verletzen können.

• Gesundheitsexperten sind auch der Ansicht, dass Lauflernhilfen nicht dazu beitragen, dass Babys selbstständig laufen lernen; sie können sogar die Entwicklung der Beine behindern.

Sicherheit

Wenn Sie mit einem laufenden Baby rausgehen, müssen Sie es immer an der Hand halten oder eine „Babyleine" benutzen.

Alles über mich

Babys sind oft fasziniert von dem, was andere sagen und tun, aber am meisten interessieren sie sich für sich selbst. Das ist normal und ein wichtiger Teil ihrer Entwicklung. Auf diesen Seiten finden Sie einige Aktivitäten, die das Interesse des Babys an sich selbst ansprechen, und einige, die ihm helfen, mehr über andere Menschen herauszufinden und zu lernen, eine Beziehung zu ihnen zu knüpfen.

Wer bin ich?

Mit etwa sieben Monaten erkennen die meisten Babys ihren Namen, und mit etwa neun Monaten kann es gut sein, dass sie Menschen, die sie oft sehen, einen Namen geben, auch wenn sie ihn vielleicht noch nicht sehr deutlich aussprechen können.

Sie können dem Baby helfen, Personennamen zu lernen, indem Sie sie oft sagen. Wenn Sie „Ella braucht etwas zu trinken" oder „Da ist Opa!" sagen, hilft das dem Baby, dieses Wort mit der Person zu verbinden. Sich Fotos von der Familie oder Freunden anzusehen ist für das Baby nie langweilig. Es hilft ihm außerdem zu lernen, wer wer in seiner Welt ist. Zeigen Sie auf die jeweilige Person im Bild und sagen Sie deutlich ihren Namen.

Das Baby kann jetzt eine Minute lang interessiert beobachten, was andere Personen tun.

Sie beginnen, ihre unterschiedlichen Körperteile zu entdecken, zum Beispiel ihre Ohren.

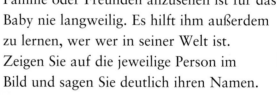

In diesem Stadium äußern Babys nur allzu gern, wenn sie etwas brauchen oder haben wollen.

Nützlicher Tipp

Babys können auch Wörter sagen, die ausgedacht oder nicht ganz korrekt sind. Wenn das passiert, korrigieren Sie das Baby nicht. Sprechen Sie das Wort, wenn Sie es benutzen, einfach richtig aus, damit es den Klang hört.

Die ersten Wörter

Die ersten Wörter, die Babys benutzen, beschreiben fast immer Dinge, die ihnen wichtig sind, zum Beispiel ein Spielzeug oder einen Löffel. Sie haben das Wort so oft gehört, dass sie es zu sagen versuchen. Viele Babys können in diesen Monaten mehrere Wörter sagen.

Geben- und Nehmen-Spiele

In diesem Stadium haben Babys oft Vergnügen daran, Spiele zu spielen, die mit Geben und Nehmen zu tun haben. Sie sind zu klein, um zu verstehen, was Teilen und Sich-Abwechseln heißt, aber sie begreifen, dass auch andere Menschen Sachen haben können. Wenn Sie das Baby fragen: „Kann ich den Ball haben?", kann es sein, dass es Ihnen den Ball gibt. Wenn Sie ihn zurückgeben und sagen: „Jetzt kann Leon den Ball haben", werden Sie merken, ob es Ihnen den Ball zurückgibt. Auch Spiele beim Essen machen Spaß. Versuchen Sie einmal „Eine für Anna und eine für Papa" zu sagen, wenn Sie dem Baby und sich selbst eine Rosine in den Mund stecken.

Welcher Teil ist welcher?

Für Babys in diesem Alter sind Lieder und Reime, in denen es um Körperteile geht, perfekt geeignet. Das Lied „Kopf und Schultern, Knie und Zehen" (siehe Seite 117) ist sehr beliebt, da Babys Spaß daran haben, die verschiedenen Körperteile selbst zu finden. Babys interessieren sich sehr für ihren Körper. Es kann sein, dass sie beim Wickeln ihren Windelbereich mit den Fingern erkunden, an ihren Zehen saugen oder sich an den Ohren ziehen. Das ist völlig normal. Hier ein paar Aktivitäten, mit denen Sie dem Baby helfen können, seine Körperteile zu lernen:

1. Stellen Sie sich vor einen Spiegel. Zeigen Sie auf Ihren Mund und sagen Sie: „Das ist mein Mund."

2. Zeigen Sie auf den Mund des Babys und sagen Sie deutlich: „Das ist Leas Mund."

3. Jetzt fragen Sie: „Wo ist Leas Mund?" Wenn nötig, nehmen Sie vorsichtig den Finger des Babys dazu.

4. Machen Sie das Gleiche mit Nase, Augen und Ohren und sagen Sie die Namen der Körperteile klar und deutlich.

In dieser Altersstufe eignen sich Bälle prima für Geben- und Nehmen-Spiele.

Anderen Menschen begegnen

Was die Begegnung mit neuen Menschen betrifft, verhalten sich Babys hier sehr unterschiedlich. Einige freuen sich über neue Gesichter. Andere klammern sich an die Personen, die sie schon kennen, und begegnen neuen Personen mit großer Zurückhaltung. Das ist in diesem Alter normal. Laden Sie möglichst Leute zu sich nach Hause ein oder gehen Sie in eine Baby- oder Kleinkindgruppe. Schon in diesem Stadium können Babys anfangen, die Fähigkeiten zu erlernen, die sie brauchen, um miteinander zu spielen.

Ab etwa neun Monaten fangen Babys an, sich mit „Winke-winke" zu verabschieden.

Abenteuer außer Haus

Babys nutzen jede Gelegenheit für Erkundungen und draußen zu sein eröffnet ihnen eine völlig neue Welt, die es zu entdecken gilt. Die Forschung hat ergeben, dass Kinder am besten lernen, wenn man ihnen die Chance gibt, neue Erfahrungen regelmäßig zu erleben. Daher sollten Sie so oft es geht mit dem Baby Zeit im Freien verbringen.

Gehen Sie in den örtlichen Park, machen Sie einen Einkaufsbummel oder laufen Sie einfach mit ihm die Straße entlang. Das Baby findet immer neue, spannende Dinge, die sein Interesse wecken. Die meisten Babys haben es gern, wenn sie auf dem Spielplatz langsam auf der Babyschaukel geschaukelt werden oder einfach in ihrem eigenen Tempo laufen können.

Im Autositz können Babys überall hin mit, solange er für Sie nicht zu schwer zum Tragen ist.

Vom Einkaufswagen aus gibt es viele neue und spannende Dinge zu sehen, aber achten Sie darauf, dass das Baby sicher sitzt.

• Im Planschbecken im warmen Wasser zu planschen ist für die meisten Babys das Paradies auf Erden, und draußen dürfen sie ruhig so heftig planschen, wie sie wollen.

• Geben Sie dem Baby Plastikbecher und ein Sieb (oder stechen Sie mit einer erhitzten Nadel Löcher in einen Joghurtbecher). Babys experimentieren gern, indem sie die Gefäße füllen, leeren, daraus trinken und zusehen, wie das Wasser aus den Löchern rinnt.

• Geben Sie etwas Baby-schaumbad ins Wasser und verstecken Sie Gegenstände wie Kieselsteine unter dem Schaum. Zählen Sie jeden Kieselstein, den das Baby für Sie findet.

Wenn Sie rausgehen, sollten Sie versuchen, dem Baby etwas Zeit zu geben, damit es so schnell oder so langsam laufen kann, wie es möchte. Es kann sein, dass es jede Gartenpforte entlang der Straße schließen oder jede an der Mauer entlangschleichende Katze streicheln möchte, aber es ist gut, es von Zeit zu Zeit gewähren zu lassen.

Spaß mit Sand

Den meisten Babys macht es Spaß, eine Weile zu sitzen und im Sand zu spielen. Sie reiben den Sand gern in der Hand, füllen ihn in Plastikbecher und werden, wenn Sie nicht aufpassen, auch versuchen, ihn zu essen! Achten Sie darauf, dass das Baby nur mit Spiel- oder Strandsand spielt (und nicht mit Bausand).

Die meisten Babys haben Spaß daran, im Sand zu buddeln, zu schaufeln und seine körnige Struktur zu spüren.

- Ermuntern Sie Ihr Baby, im Sand nach kleinen Spielzeugen oder halb vergrabenen Muscheln zu suchen. Das Suchen bereitet ihm Vergnügen und es trainiert dabei, seine Finger wie Pinzetten zu benutzen.

- Zeigen Sie dem Baby, wie man mit Plastikbechern kleine Sandburgen baut. Es wird bald entdecken, dass das Kaputtmachen genauso viel Spaß macht!

Sicherheit

Lassen Sie das Baby nie ohne Aufsicht im Sandkasten oder Planschbecken und schützen Sie es mit Sonnenschutzmittel mit hohem Lichtschutzfaktor.

Ballspiele

Bälle sind sehr vielseitige Spielzeuge, mit denen man im Planschbecken oder auf großen offenen Flächen wie im Park, spielen kann. Es bedarf etwas Übung, all die Fähigkeiten zu lernen, die man braucht, um einen Ball hochzuheben und festzuhalten oder ihn zu jemand anderem zu rollen. Nehmen Sie für einfache Baby-Ballspiele einen großen, weichen Ball:

Setzen Sie sich dem Baby gegenüber und rollen Sie den Ball zu ihm. Bitten Sie es, ihn zurückzurollen. Jedes Mal, wenn Sie beide den Ball fangen, rücken Sie etwas weiter weg.

Zeigen Sie dem Baby, wie man sich auf einen großen Ball drauflegt und vorsichtig vor- und zurückrollt. Es kann sein, dass das Baby vom Ball rutscht, aber es fällt nicht tief.

Um nach einem Ball zu treten, muss man einen Fuß hochnehmen. Das ist schwierig. Wenn Sie dem Baby den Ball mit dem Fuß zuspielen, ermuntern Sie es, ihn mit beiden Füßen zurückzuschubsen.

Schwimmen gehen

Für die meisten Babys in diesem Alter gibt es kaum etwas Schöneres als schwimmen zu gehen. Natürlich können sie noch nicht richtig schwimmen, aber je eher Sie das Baby ins örtliche Schwimmbad mitnehmen, desto besser. So wird das Bad zu einem vertrauten Ort, wo es gerne hingeht. Eine grundlegende Vertrautheit mit dem Wasser wird ihm später, wenn es schwimmen lernt, eine große Hilfe sein.

Denken Sie daran, Ersatzwindeln und Wischtücher sowie Schwimmwindeln zum Schwimmen mitzunehmen.

• Fragen Sie, ob es im Schwimmbad ein Kleinkindbecken gibt. Es ist wärmer und nur Babys und ihre Aufsichtspersonen haben Zutritt.

• Experten raten ab, aufblasbare Sitze oder andere Hilfsmittel zu verwenden, die das Baby in diesem Stadium über Wasser halten. Das ist die ganze Zeit über Ihre Aufgabe.

• Deponieren Sie zwei Schwimmwindeln und ein Handtuch an der Seite des Schwimmbeckens. Babys verlieren schnell an Wärme und müssen in ein Handtuch gewickelt werden, sobald sie aus dem Wasser kommen.

• Wenn Sie nur über eine Leiter ins Schwimmbecken kommen, lassen Sie einen anderen Erwachsenen das Baby halten, bis Sie im Wasser sind, für den Fall, dass Sie ausrutschen.

• Einige Babys fühlen sich sicherer, wenn Sie ein paar Badespielzeuge von daheim mitnehmen (vorausgesetzt, sie schwimmen . . .).

• Einige Babys sind am Anfang unsicher und mögen es nicht, wenn sie Wasser ins Gesicht bekommen. Solche Gefühle überwinden sie meist nach einer Weile.

Es ist gut, wenn das Baby sich daran gewöhnt, ohne Schwimmhilfe im Wasser zu sein, aber passen Sie gut auf und halten Sie es immer fest.

Vorbereitung

Obwohl Sie nicht länger als etwa 20 Minuten im Wasser bleiben sollten, muss das Schwimmengehen mit einem Baby sorgfältig geplant werden. Ist das Baby müde oder geht es ihm nicht gut, verschieben Sie das Vorhaben auf einen anderen Tag. Auf der linken Seite finden Sie einige Tipps für einen gelungenen Schwimmbadbesuch.

Babyschwimmen

Viele Schwimmbäder bieten unter Anleitung ausgebildeter Lehrer Schwimmkurse für Babys und Kleinkinder an. Hier werden Babys an das Wasser herangeführt und erwerben Fähigkeiten, die sie später zum Schwimmen brauchen. Mit vielen Liedern und Spielen können sie auch eine Hilfe für Babys sein, die nicht so gern ins Wasser gehen.

Wasserspiele machen Spaß und sind ein gutes Training für Babys.

Wasserspiele

Beim Spielen im Wasser werden viele Muskeln beansprucht. Daher ist es ein ausgezeichnetes Ganzkörpertraining. Gehen Sie es ruhig an; gehen Sie möglichst tief ins Wasser hinein und bleiben Sie direkt neben dem Baby, damit es zufrieden ist und sich sicher fühlt. Es ist wichtig, dass dies zu einer positiven Erfahrung wird. Hier einige Spiele, die Sie ausprobieren können:

Bleiben Sie möglichst tief im Wasser, halten Sie das Baby gut unter den Armen fest und wirbeln Sie es sanft herum.

Lassen Sie das Baby seinen Kopf auf Ihre Schulter und sein Gesicht gegen Ihres legen. Ihre ausgestreckten Arme dienen seinen Beinen als Stütze.

Lehnen Sie den Oberkörper des Babys gegen Ihre Brust, halten Sie seine Beine fest, bewegen Sie es auf und nieder und sagen Sie dabei: „Treten, treten!", um es zum Treten zu ermuntern.

Halten Sie das Baby unter den Armen fest, heben Sie es aus dem Wasser und lassen Sie es wieder hinunter. So gewöhnt es sich ans Spritzen.

Anziehen

Lassen Sie das Baby in diesem Alter, während Sie sich anziehen, nicht auf dem Wickeltisch liegen, da es herunterfallen könnte. Setzen Sie es in einen Laufstall oder schnallen Sie es im Babysitz an. Ist keiner verfügbar, setzen Sie es, sobald es angezogen ist, auf den Fußboden.

Vergessen Sie nicht, für nach dem Schwimmen etwas zu essen und zu trinken einzupacken.

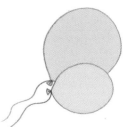

• Achten Sie darauf, dass der Partyort kindersicher ist, da die meisten Gäste krabbeln.

• Wählen Sie den Zeitpunkt gut und feiern Sie nicht, wenn die Gäste schlafen müssen. Versuchen Sie, das Essen zu den normalen Mahlzeiten zu servieren.

• Begrenzen Sie die Partydauer auf eine bis eineinhalb Stunden. Das ist für Einjährige lang genug.

• Fragen Sie, ob einer Ihrer kleinen Gäste gegen etwas allergisch ist, und seien Sie nicht beleidigt, wenn schlechte Esser dabei sind.

• Lassen Sie die Gäste frei spielen. Sie können mit Ballons, Geschenkpapier und den Geburtstagsgeschenken des Babys Spaß haben.

• Nehmen Sie sich ein bisschen Zeit für Lieder und Reime. Diese Aktivitäten wirken zum Beispiel beruhigend nach dem Essen.

Der erste Geburtstag

Es ist unwahrscheinlich, dass ein Kind sich später an irgendetwas aus seinem ersten Lebensjahr erinnert, aber diese zwölf Monate werden allen Menschen in seiner Umgebung in lebhafter Erinnerung bleiben. Vielleicht möchten Sie seinen Geburtstag mit allem Drum und Dran feiern, aber denken Sie daran, dass für ein einjähriges Baby ein Ballon oder ein knisterndes Geschenkpapier schon das Highlight des Tages sind. Wenn Sie eine Geburtstagsparty feiern möchten, können Sie Freunde und Bekannte, die auch ein Baby haben, dazu einladen. Auf der linken Seite finden Sie ein paar Tipps für die erste Party.

Bieten Sie einfache Speisen an. Das ist nicht der richtige Zeitpunkt, um neue Geschmacksrichtungen einzuführen. Achten Sie darauf, dass genügend Erwachsene da sind, um die Babys beim Essen zu beaufsichtigen und räumen Sie Reste sofort weg. Vermeiden Sie Lebensmittel mit viel Zucker. Eine paar Leckereinen sind kein Problem, aber zu viel Zucker kann dem Baby auf die Stimmung schlagen. Hier sind ein paar Serviervorschläge:

- *Rosinen*
- *gestiftelte Möhren*
- *Mandarinen- oder Apfelschnitze*
- *kleine Bananenstücke*
- *kernlose Trauben (halbiert)*
- *Pizza (in kleinen Stücken)*
- *Muffins*
- *Gummibärchen ohne Farbstoff und Eiscreme*
- *kleine Käsehäppchen*
- *kleingeschnittene belegte Brote*

Ältere Kinder helfen dem Baby gern beim Ausblasen der Kerze.

Das Kleinkindalter

In den sechs Monaten nach ihrem ersten Geburtstag wachsen die meisten Kinder aus dem Babyalter heraus und werden zu „Kleinkindern". Es ist wichtig, sich ins Gedächtnis zu rufen, dass die meisten Kleinkinder sehr deutlich zeigen, wenn sie etwas nicht machen wollen. Also lassen Sie sich nicht stressen, wenn Sie Ihr Baby nicht zu einer Aktivität überreden können – und probieren Sie es ein anderes Mal.

Wie verändert sich das Baby?

Kleinkinder können mehr Wörter sagen und noch mehr verstehen. Sie begreifen auch einfache Anweisungen.

Einige Kinder fangen an, allein zu essen und sich auszuziehen. Einige können schon sagen, wenn sie mal müssen . . . oder schon mussten.

Kleinkinder beginnen, soziale Fähigkeiten zu erlernen wie das Spielen mit anderen Kindern. Nur das Teilen zu lernen kann noch schwierig sein.

Kleinkinder können einen Hang zum Kreativen entwickeln, zum Beispiel Lebensmittel aus Knetgummi zu basteln oder mit Wachsstiften auf Papier zu malen.

Wenn die Dinge nicht so laufen, wie es sich sie vorstellt, kann ein Kleinkind schon richtige Wutausbrüche haben.

Bücher für Kleinkinder

Bücher werden gelutscht, gekaut und zerbissen. Kontrollieren Sie sie oft, säubern Sie sie und entsorgen Sie Exemplare, auf denen sich zu viele Bakterien tummeln.

Nützlicher Tipp

Wenn das Kleinkind lernt, wie viel Spaß Bücher machen können, können Sie probieren, ihm einige seiner Lieblingsbücher ins Bett zu legen. Vielleicht hat es Lust, nach dem Schlafen oder vor dem Einschlafen reinzuschauen.

• Vielleicht verraten Ihnen Freunde mit Kindern, welche Bücher gut angekommen sind.

• In Bibliotheken gibt es eine große Auswahl an Titeln für diese Altersgruppe, und die meisten Buchläden führen Bücher, die sie empfehlen.

• Auf http://www.gobo-kinder.de/ finden Sie weitere Vorschläge!

Es gibt wenige Spielzeuge für Kleinkinder, die so viel Freude bereiten, wie ein gutes Buch. Die Forschung hat ergeben, dass gemeinsame Lesestunden mit Kleinkindern zwischen 12 und 18 Monaten zur Entwicklung jener Lese- und Schreibfähigkeiten beitragen, die sie ihr ganzes Leben lang brauchen. Das Wichtigste, woran Sie denken sollten, wenn Sie sich mit dem Kleinkind Bücher ansehen: Die Bücher sollen ihm nachhaltig Spaß machen.

Warum sollte man Bücher ansehen?

Vereinfacht ausgedrückt, geben Bücher Kindern die Chance zu lernen, wie man Seiten umblättert und einfachen Geschichten folgt. Sie lernen durch Zuhören neue Wörter kennen und üben die, die sie schon kennen. Bücher helfen ihnen zu lernen, wie man zuhört, wenn jemand vorliest, und wie man Menschen, Tiere und Gegenstände in den Bildern wiedererkennt.

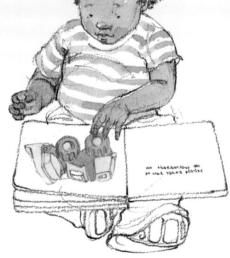

Kleinkinder sehen sich oft lieber Bilder von Dingen an, die sie kennen, wie beispielsweise Fahr- und Spielzeuge.

Das richtige Buch finden

Bei der großen Auswahl an Büchern kann es schwer sein, herauszufinden, welche das Kleinkind mag. Beliebt sind einfache Geschichten, Kinderreime und Bücher mit Extras wie Puzzles, Klappen, Geräuscheffekten oder Pop-up-Bildern. Sie können es auch mit Sachbüchern über Bauernhöfe, Tiere, Bagger oder Lastwagen probieren.

Bücher lieben lernen

Um aus dem Bücheranschauen mit einem Kleinkind den größten Gewinn zu ziehen, sollten Sie einige einfache Dinge berücksichtigen. Wählen Sie einen guten Zeitpunkt zum Vorlesen aus. Ideal ist eine ruhige halbe Stunde nach dem Essen, vor dem Schlafen oder beim Zubettgehen, da ein rastloses Kleinkind keine Freude am Stillsitzen hat. Wenn Sie sich das Buch ansehen, zeigen Sie auf Gegenstände und ermuntern Sie das Kind, das Gleiche zu tun. Die meisten Kleinkinder werden nach und nach immer mehr Dinge aus den Büchern wiedererkennen und darauf zeigen.

• Probieren Sie, das letzte Wort einer Geschichte oder eines Kinderreims auszulassen, und geben Sie dem Kind die Chance, es zu ergänzen. Die frühe Fähigkeit zum Vorhersehen hilft beim Lesen.

• Gemeinsames Zählen hilft Kindern, Zahlen zu lernen. Ermuntern Sie das Kleinkind, auf Dinge auf den Seiten zu zeigen, die Sie dann zusammenzählen.

• Lassen Sie das Kleinkind erzählen, was in den Bildern oder in der Geschichte passiert. Wenn das Kind Sie unterbricht, zeigt es, dass es sich für das Buch interessiert und darüber nachdenkt.

• Hörbücher bieten dem Kleinkind zwar keine Gelegenheit für eine gemütliche Vorlesezeit mit Ihnen, können aber beruhigend sein (und Ihnen Zeit zum Vorbereiten des Essens einräumen . . .).

Zeigen Sie beim gemeinsamen Bücheranschauen auf die Gegenstände und sprechen Sie darüber.

Eine Bücherkiste basteln

Legen Sie einige abwischbare Pappbücher in eine spezielle Kiste und bewahren Sie sie im Spielzimmer auf. So wird das Bücheranschauen zu einer alltäglichen Aktivität, die das Kleinkind auch allein genießen kann. Achten Sie darauf, dass die Kiste robust, aber nicht zu groß ist, damit das Kleinkind leicht an die Bücher herankommt.

Um die Bücherkiste zu etwas Besonderem zu machen, könnten Sie sie mit Papier auskleiden und beschriften.

Welches Spielzeug?

Dinge zu finden, die ein Kind unter 18 Monaten unterhaltsam und interessant findet, kann schwer sein, zumindest, wenn Sie sehr beschäftigt sind. Und man gibt leicht der Versuchung nach, teure „pädagogische" Spielzeuge zu kaufen, die versprechen, die Bedürfnisse von Kindern und Erwachsenen zu befriedigen. Diese Seiten können Ihnen hoffentlich helfen, Spielzeuge auszuwählen, mit denen Kleinkinder gern spielen. Das ist schließlich die beste Art, zu lernen.

Welchen Sinn haben Spielzeuge?

Die Forschung hat gezeigt, dass Kinder auch dann spielen und ihre Fantasie benutzen, wenn sie nur Zweige, Kieselsteine oder gar kein Spielzeug zum Spielen haben. In einigen Teilen der Welt helfen schon Kleinkinder beim Umrühren in Töpfen und Ausrollen des Teiges. All das sind Aktivitäten, die sie gern tun, ob mit oder ohne modernes Spielzeug. Einige Experten argumentieren, dass Spielzeuge Kindern keine Fähigkeiten beibringen, aber sie können beim Üben der Fähigkeiten helfen. Daher sind die besten Spielzeuge solche, mit denen ein Kleinkind Dinge tun oder ausprobieren kann, d.h. interaktive Spielzeuge.

Kleinkinder sind fasziniert von Gegenständen, die in andere Gegenstände passen. Beliebt ist zum Beispiel ein alter Schuhkarton als Bett für Puppen und Teddys. Drei weitere einfache Spielzeuge, die Kleinkindern helfen herauszufinden, welche Dinge passen und welche nicht, finden Sie auf der linken Seite.

- In diesem Stadium ist ein Spielzeugzug oder -bus mit Platz für kleine Figuren meist ein großer Hit. Kleinkinder schieben auch gern Spielsachen mit Rollen vor sich her.

- Mit einem Formensortierer können Kleinkinder Formen durch Löcher stecken und damit klappern. Einige Kinder brauchen am Anfang etwas Hilfe beim Zuordnen.

- Stapelbecher aus Plastik kann man ineinander stecken oder zu Türmen aufbauen. Man kann auch im Sandkasten und in der Badewanne damit spielen.

Schuhkartons sind perfekte Betten für Häschen, Puppen und Teddybären.

Einfache Klötze zum Zusammenstecken können ein Kind stundenlang beschäftigen und seine Koordinationsfähigkeit stärken.

Spielecke

Kleinkinder haben oft bestimmte Vorstellungen, womit sie spielen möchten. Bewahren Sie eine Spielzeugkiste mit einer kleinen Auswahl an Spielzeugen in dem Zimmer auf, in dem das Kleinkind die meiste Zeit verbringt. Lassen Sie das Kind bestimmen, welche Spielzeuge es aus der Kiste nimmt, auch wenn das bedeutet, dass Sie hinterher alles wieder aufräumen müssen.

Kleinkinder lernen viel, wenn sie mit einem älteren Kind oder einem Erwachsenen spielen.

Kleinkinder spielen gern mit Spielsachen, die etwas tun . . .

. . . oder mit denen sie etwas tun können . . .

Legen Sie auch Dinge wie einen Plastiklöffel, eine saubere Haarbürste und einen Plastikbecher in die Kiste. Kinder in diesem Alter lernen, wofür Alltagsgegenstände gedacht sind, indem sie sehen und kopieren, was andere damit machen. Experten nennen das „Definition durch Anwendung". Tauschen Sie die Spielzeuge in der Kiste regelmäßig aus und legen Sie einige eine Weile zur Seite.

Spiel mit mir!

Die Forschung hat ergeben, dass Ihr Kind sehr viel lernt, wenn Sie, ein anderer Erwachsener oder ein Kind jeden Tag mit dem Kleinkind spielt – selbst wenn es nicht lange ist. Auf der rechten Seite finden Sie einige Vorschläge für einfache Spiele zum Ausprobieren.

· Kleinkinder lieben es, Gegenstände wegzugeben und wieder zurückzunehmen. Ergänzen Sie dieses kleine Spiel durch ein fröhliches „Dankeschön".

· Verstecken Sie ein Spielzeug, holen Sie es wieder hervor und sagen Sie gleichzeitig „Da ist es!". Dann lassen Sie das Kleinkind Verstecken spielen.

· Mitmach-Reime wie „Backe, backe Kuchen" sind in diesem Stadium ideal, da sie immer gleich lauten, und das mögen Kleinkinder.

Allein spielen

Zwischen einem Jahr und 18 Monaten fangen die meisten Kinder an, auch einmal allein zu spielen – natürlich mit einem Erwachsenen in der Nähe, der aufpasst. Bestärken Sie das Kleinkind bei den ersten Anzeichen von Selbstständigkeit, indem Sie ihm reichlich Gelegenheit zum Alleinspielen geben, aber sorgen Sie auch dafür, dass viel Zeit für gemeinsames Spielen bleibt.

Die ersten Puzzles

Die meisten Kleinkinder haben Spaß an den ersten einfachen Puzzles aus Holz mit Bildmotiven, deren ausgeschnittene Teile in eine Unterlage passen. Bei vielen helfen Plastikgriffe dem Kleinkind, die Teile hochzuheben. Diese Puzzles sind ideal, denn nach einer Weile wollen Kleinkinder sie von allein legen.

Es braucht Zeit, bis das Kind alle Fähigkeiten beherrscht, die es braucht, um ein Teil aufzuheben und es an den rechten Platz zu legen. Vielleicht müssen Sie dem Kind mehrmals zeigen, was zu tun ist, aber Sie sollten es ermuntern und geduldig sein.

Sobald ein Kleinkind Dinge zusammenstecken kann . . .

. . . können ihm Puzzles Spaß machen. Anfangs sind solche mit Bildmotiven vertrauter Gegenstände am besten. Helfen Sie Ihrem Kind im Bedarfsfall.

Auf einen dicken Draht gefädelte Perlen können ein Kleinkind eine ganze Weile beschäftigen.

Spielzeuge mit Perlen oder Klötzen, die man über einen gebogenen Draht schieben muss, sind eine andere Art von Puzzles, die Kleinkinder fesseln. Sie fördern die Entwicklung der Hand-Augen-Koordination ohne das Risiko, Kleinteile zu verschlucken.

Nützlicher Tipp

Wenn ein Kind in diesem Stadium den Eindruck macht, als wolle es nicht allein spielen, zwingen Sie es nicht. Das ist ein großer Schritt für das Kind und wenn Sie es antreiben, kann das den gegenteiligen Effekt haben.

Bauklötze

Einige Experten sind der Ansicht, dass Kinder lernen, indem sie immer wieder mit den gleichen Dingen spielen, aber im Laufe ihrer Entwicklung immer auf unterschiedliche Weise. Bauklötze gehören zu den Spielzeugen, an denen ein Kleinkind lange Zeit Vergnügen hat – doch Sie werden feststellen, dass sich die Art des Spiels mit den Klötzen mit der Zeit stark verändert.

Bis ein Kind etwa ein Jahr alt ist, kann es die Klötze wahrscheinlich nur in die Kiste legen, herausnehmen oder gegeneinanderschlagen.

Spielsachen Marke Eigenbau

Das Alleinspielen ermutigt Kinder dazu, ihre Fantasie zu benutzen und im eigenen Tempo Dinge auszuprobieren, die sie interessieren. Sie können diesen Prozess unterstützen, indem Sie dem Kind verschiedene „neue" Sachen hinlegen, mit denen es spielen kann. Im Folgenden finden Sie einige Vorschläge zum Ausprobieren. Solche Spielsachen kosten gar nichts, geben aber den meisten Kleinkindern reichlich Gelegenheit, ihre Geschicklichkeit zu testen und zu trainieren.

Sie werden feststellen, dass es mit 18 Monaten die Klötze zu einem Turm zusammenbaut, bevor es ihn umstößt.

Zeigen Sie dem Kleinkind, wie man Pisten für Spielzeugautos und Ställe für Tiere baut . . . oder wie man Türme umstößt.

• Geben Sie dem Kleinkind statt der Bauklötze (oder zusätzlich dazu) einige leere Lebensmittelverpackungen, Rollen und saubere Plastikbehälter zum Spielen.

• Nehmen Sie einen großen Karton und schneiden Sie seitlich einige Löcher hinein, die so groß sind, dass das Kleinkind kleine Spielsachen hineinstecken kann.

Ein Kleinkind muss sich ganz schön konzentrieren, um einen Turm aufzubauen.

Kleckern ist klasse

Schmutz zu machen ist für die meisten Kleinkinder ein himmlisches Vergnügen, und sie sind herrlich ahnungslos, wie viel Extraarbeit das für Sie bedeutet. Experten haben herausgefunden, dass sich einige Kleinkinder die Abneigung von Erwachsenen gegenüber Schmutz zu eigen machen und Ängste entwickeln können, neue Dinge auszuprobieren. Daher sollten Sie nicht allzu sehr auf Sauberkeit und Ordnung bedacht sein.

Vorbereitung

Bei Spielen, die Schmutz machen, kommt es auf die richtige Vorbereitung an, dann haben Sie es hinterher auch leichter. Auf der linken Seite finden Sie drei einfache Dinge, die Sie vorab tun sollten.

Einige Kleinkinder mögen es überhaupt nicht, wenn ihre Kleidung schmutzig wird, und können Spiele, bei denen sie sich bekleckern oder auch draußen mit Wasser und Matsch einreiben dürfen, gar nicht richtig genießen. Auch für Sie ist endloses Waschen mühsam, daher sollten Sie die Kleidung entweder vorher schützen oder – falls drinnen im Warmen gespielt wird – dem Kind nur eine Windel anziehen und es nach dem Spiel in der Wanne baden.

1. Breiten Sie eine Plastikfolie oder Zeitung unter Stuhl und Tisch des Kindes und auch auf dem Tisch aus.

2. Achten Sie darauf, dass Sie beide Schürzen oder alte Sachen tragen . . . oder Kleidung, die leicht zu waschen ist.

3. Halten Sie eine Schüssel mit Wasser und ein Tuch bereit für den Fall, dass Farbe an die Wand gelangt . . .

Matschkleidung mit elastischen Bündchen ist ideal beim Spielen mit Dreck oder Farbe.

Sicherheit

Stellen Sie sicher, dass Sie Ihr Kleinkind ausschließlich mit ungiftiger, abwaschbarer Farbe spielen lassen.

Spielen mit Lebensmitteln

Die meisten Kleinkinder spielen gern mit dem Essen, daher sollte diese Aktivität gut ankommen. Sie werden es genießen, die unterschiedliche Konsistenz und Form von Speisen fühlen zu können. Dies trägt auch dazu bei, dass Kinder beim Essen nicht mehr so wählerisch sind. In der folgenden Liste finden Sie verschiedene Lebensmittel zum Ausprobieren. Welche sich eignen, können Sie selbst bestimmen. Das Wichtigste ist, dass unterschiedliche Geschmacksrichtungen dabei sind. Geben Sie von jedem Lebensmittel etwas in eine kleine Schüssel und lassen Sie das Kleinkind frei wählen, welche es nehmen, fühlen und probieren möchte.

Das Spielen mit Lebensmitteln kann dazu beitragen, dass Kleinkinder beim Essen nicht so wählerisch sind.

- *kalte, gekochte Nudeln oder Reis*
- *zerstoßene Eiswürfel*
- *Orangenschnitze*
- *Gurkenscheiben*
- *Gummibärchen ohne Farbstoff*
- *Brotkrusten*
- *Rosinen*
- *Olivenhälften*
- *gestiftelte Möhren*
- *sehr kleine Käsehäppchen*

Malen und Spritzen

Kinder zwischen einem Jahr und 18 Monaten sind zu klein, um einen Pinsel zu halten oder erkennbare Objekte zu malen, aber die meisten haben großes Vergnügen daran, mit Farben zu spielen. Daher ist Malen mit Fingern in diesem Stadium ideal. Auf der rechten Seite finden Sie weitere Vorschläge für Aktivitäten drinnen und draußen, bei denen das Schmutzigmachen erlaubt ist – aber decken Sie immer den Boden mit Zeitung oder Plastikfolie ab.

- Stellen Sie eine große Plastikschüssel mit Wasser zum Befüllen und Auskippen leerer Becher und Behälter hin.

- Geben Sie einige Tropfen Lebensmittelfarbe ins Wasser, damit das Kind leichter sehen kann, wie das Wasser von Becher zu Becher fließt.

- Mischen Sie Stärkemehl und Wasser auf einem Tablett. Kleinkinder lieben es, mit ihren Händen in der Mischung herumzumatschen.

Während ältere Kinder mit Pinsel und Händen malen können, benutzen kleinere die Finger.

Sicherheit

Bleiben Sie immer in der Nähe, wenn Kleinkinder mit Wasser spielen.

Hilfe bei der Hausarbeit

Das Zuhause sollte ein sicherer, vertrauter Ort sein, wo das Kleinkind alle Geschehnisse interessiert verfolgen kann. Wenn sie sich der 18-Monatsmarke nähern, entwickeln viele Kinder eine Faszination für Hausarbeiten wie Kochen und Saubermachen. Es kann passieren, dass das Kind Ihnen helfen oder diese Aufgaben für Sie übernehmen will. Auf diesen Seiten finden Sie einige Tipps, wie Sie die kindliche Neugier beflügeln können.

Geben Sie dem Kleinkind ein Staubtuch, mit dem es auf niedriger Höhe eine Oberfläche abwischen kann (sofern nichts Zerbrechliches darauf steht . . .).

Kleinkinder wischen den Boden zwar nicht perfekt, aber es ist wichtig, dass man sie für ihre Anstrengungen reichlich lobt.

• Lassen Sie das Kleinkind einige Früchte in eine Schüssel legen, Schuhe auf einen Schuhständer stellen oder Kleider in die Waschmaschine stopfen.

• Lassen Sie beim Leeren der Waschmaschine einige kleine Teile zurück, die das Kind in den Wäschekorb legen kann.

• Wenn es Ihnen beim Autowaschen helfen möchte, geben Sie ihm einen Schwamm und ziehen Sie ihm eine Plastikschürze an, weil es ganz schön nass werden kann.

Kann ich das machen?

Dass Kleinkinder sich für Hausarbeiten interessieren liegt kaum daran, dass Sie Sauberkeitsfanatiker sind. Vielmehr faszinieren sie die damit verbundenen Aktivitäten: Schieben und Ziehen, Fegen und Staubwischen, Einfüllen und Auskippen. Die Experten sind sich einig, dass Kinder sehr viel lernen, indem sie kopieren, was Sie tun. Daher sollten Sie dem Kind die Möglichkeit dazu geben. Es wird für jede Aufgabe ewig brauchen (und Sie werden sie hinterher selbst noch einmal machen müssen), aber trotzdem sollten Sie es für seine Anstrengungen loben.

Spielzeugwerkzeuge

Viele Haushaltsutensilien sind als Spielzeugversion erhältlich. Damit kann ein Kleinkind sicher neben Ihnen arbeiten. Kleinere Spielzeuge wie Plastiktöpfe, Schaufel und Handfeger oder Spielzeugtelefon sind nicht teuer und bereiten einem eifrigen Kleinkind viel Freude. Größere Spielsets wie Miniküchen können kostspielig sein; fragen Sie bei den örtlichen Kleinkindergruppen nach, ob sie welche haben, mit denen Kinder kostenlos spielen können. Viele Kleinkinder spielen ebenso gern mit einem aus Karton gebastelten Ofen.

Aus einem alten Karton können Sie mit Klebeband und Stiften einen einfachen Ofen basteln.

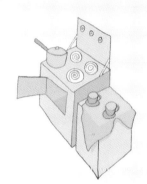

Ein eigenes Heim

Die meisten Kleinkinder lieben es, in ihrem eigenen Versteck oder Spielhaus zu spielen. Ihnen einen sicheren, geheimen Ort zum Spielen zur Verfügung zu stellen ist daher eine gute Sache. Sie müssen kein teures Spielhaus kaufen – wenn Sie einige Decken mit Wäscheklammern an zwei robusten Stühlen befestigen, reicht das. Am Anfang geht das Kind vielleicht nur mehrere Male hinein und wieder raus; geben Sie ihm Gelegenheit, sein Versteck auf seine Art zu erkunden. Viele Kleinkinder gehen dann dazu über, einfache Fantasiespiele in ihrem Spielhaus zu spielen, zum Beispiel Spielzeuge mit Löffeln zu füttern. Die Forschung hat ergeben, dass Kinder durch solche Fantasiespiele lernen, Alltagsdinge zu verstehen.

Jedes Versteck ist für Kleinkinder spannend, denn es ist ihr eigenes Reich.

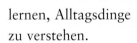

- Ist das Kleinkind müde, bauen Sie entweder eine Schlafpause im Kinderwagen oder Auto in Ihre Pläne ein oder gehen erst los, wenn es geschlafen hat.

- Wenn Sie eine Weile unterwegs sein werden, packen Sie etwas zu trinken und zu essen ein. Dann brauchen Sie keine Snacks im Laden oder Café zu kaufen.

- Planen Sie die Aktivitäten nicht zu lang. Kleinkinder lieben Abwechslung, ermüden aber von neuen Eindrücken und Geräuschen schneller als Sie.

- Planen Sie nicht zu kompliziert: Das Hauptziel für Sie beide ist, an die frische Luft zu kommen, sich zu bewegen und es zu zweit schön zu haben.

Nützlicher Tipp

Kleinkinder quengeln schnell, wenn sie gelangweilt sind. Sie haben beide etwas davon, wenn Sie dafür sorgen, dass Ihre Tage möglichst abwechslungsreich gestaltet sind.

Ausflüge

Es ist gar nicht so einfach, immer ausreichend Dinge zu finden, um ein neugieriges, energiegeladenes Kleinkind zu beschäftigen. Ein Ortswechsel kann helfen, damit aus einem gelangweilten Kind kein schlechtgelauntes wird. Auf diesen Seiten finden Sie einige Ideen für Ausflüge, die nicht die Welt kosten und mit denen Sie ein Kleinkind bei Laune halten. Genauso wie in der Babyzeit müssen Sie einen Ausflug sorgfältig planen, aber das ist die Sache wert.

Vorbereitung

Es ist nicht immer einfach, die Stimmung des Kleinkinds vorherzusehen und sicherzustellen, dass der Ausflug zum Erfolg wird. Es gibt aber ein paar Dinge, an die Sie denken sollten, bevor Sie losgehen. Auf der linken Seite finden Sie einige Vorschläge für ein stressfreies Vergnügen.

Kleinkinder lassen sich selbst von einfachsten Erlebnissen beeindrucken.

Wohin soll es gehen?

Ein Ausflug in die Tierhandlung ist für ein Kleinkind eine spannende Sache, und die meisten Tierhändler haben nichts dagegen, wenn Kinder die Tiere besuchen kommen, solange sie die Finger von Aquarien und Käfigen lassen. Ein Gang zum Schwimmbad sorgt für Bewegung. Auf der rechten Seite finden Sie weitere Vorschläge für Ausflugsziele.

Ruhe bewahren

Obwohl Kinderexperten den Begriff „Trotzanfall" meist im Zusammenhang mit älteren Kleinkindern von etwa zwei Jahren verwenden, kann auch ein 18 Monate altes Kind einem den gemeinsamen Ausflug etwas verderben. Der Versuch, in der Öffentlichkeit ein heulendes Kind im Kinderwagen festzuschnallen, kann dazu führen, dass Sie weniger Lust haben, wieder rauszugehen. Hier ein paar Tipps für Strategien, die Sie ausprobieren können, wenn sich das Kind nicht so verhält, wie Sie es gerne hätten.

• Bewahren Sie Ruhe und sprechen Sie mit leiser, fester Stimme.

• Holen Sie das Kleinkind freundlich, aber entschlossen aus der Situation heraus.

• Lenken Sie es ab, indem Sie auf etwas anderes zeigen.

• Wenn Sie mutig genug sind, ignorieren Sie das Kleinkind während des Fehlverhaltens einfach.

• Atmen Sie mehrmals tief ein und aus, denn Sie wissen, dass der Wutanfall vorbeigeht.

• Denken Sie daran, dass Sie der Chef sind und die Regeln festlegen.

• Falls Sie das Glück haben, in der Nähe eines Waldes oder Strands zu wohnen: Kleinkinder gehen gern auf Entdeckungsreise und halten nach Schätzen wie Blättern und Muscheln Ausschau.

• Einkäufe müssen sein, sind aber für Kleinkinder nicht sehr spannend. Machen Sie nach dem Einkaufen im Park oder auf dem Spielplatz halt. Dann weiß das Kind, dass nach dem langweiligen Teil etwas Schönes kommt.

• Während einer Busfahrt erhält ein Kleinkind viele neue Eindrücke. Bestehen Sie darauf, dass es ordentlich sitzt (oder es muss in den Kinderwagen), und sprechen Sie über alles, was Sie auf der Fahrt sehen.

• Ein Picknick im Grünen ist viel aufregender als ein Essen zu Hause. Wenn das Wetter schön ist, packen Sie etwas zu essen ein, eine Decke, einen Ball, und los gehts.

Über den Tag reden

Sprechen Sie mit dem Kleinkind am Ende des Tages über all die Dinge, die Sie während des Tages erlebt haben, selbst wenn es nichts Ungewöhnliches war. Damit zeigen Sie ganz einfach, dass Ihnen die Erlebnisse und Gefühle des Kindes wichtig sind, und es versteht mehr von dem, was Sie sagen, als Sie denken.

Nach einem ereignisreichen Tag sind Kleinkinder müde, da sie die ganze Zeit über viel lernen.

Immer auf Trab

Die meisten Kleinkinder sind immer in Bewegung oder wollen es sein, außer wenn sie schlafen oder sich nicht wohl fühlen. Dieser unglaubliche Vorrat an Energie kann zum Problem werden, wenn Sie zu Hause nur begrenzt Platz haben, wo das Kind herumlaufen kann. Hier einige Tipps, wie Sie ihm zu aktiven Spielmöglichkeiten verhelfen.

Laufen und sprechen . . . und Spielcenter

Laufen ist ein gutes Training und für die meisten Kleinkinder noch immer spannend. Ermutigen Sie das Kind mit wachsendem Selbstbewusstsein so oft es geht neben Ihnen herzulaufen. Bestehen Sie aber darauf, dass es sich am Kinderwagen oder an Ihrer Hand festhält oder an der Kinderleine läuft. Je mehr Gelegenheit Sie einem Kleinkind zum Laufen geben, desto mehr möchte es auch laufen. Denken Sie daran: Sitzt das Kind im Kinderwagen, wird es nicht schneller oder besser laufen. Zeigen Sie beim Vorbeigehen auf Dinge, die Sie sehen.

Bei „Jetzt habe ich dich"-Spielen läuft das Kind meist quiekend davon. Solche Spiele eignen sich ideal für draußen, es sei denn, Ihr Zuhause ist frei von Hindernissen.

Zeichnen Sie draußen auf den Boden mit Kreide ein paar Kreise in unterschiedlichen Größen. Halten Sie das Kleinkind an der Hand und springen Sie von Kreis zu Kreis.

Kleinkinder sind voller Neugier und Energie. Behalten Sie das Kind im Auge, wenn es auf Entdeckungsreise geht.

Nützlicher Tipp

Finden Sie heraus, ob in der Nähe Gymnastikkurse für Kleinkinder angeboten werden. Das kostet nicht viel und die meisten Kleinkinder haben Spaß daran.

Viele Kleinkinder gehen gern in ein Spielparadies. Dort können auch sehr aktive Kleinkinder gefahrlos spielen. Wer Platz hat, kann zu Hause aus Kissen und Luftmatratzen oder normalen Matratzen eine einfache Spielwiese bauen.

Aktivspielzeuge

Es gibt alle möglichen Spielzeuge, die aktives Spielen fördern. Kleinkinder müssen keinen Aerobic-Kurs mitmachen, um beim Spielen auf gesunde Weise Energie zu verbrauchen oder ihre Koordinationsfähigkeit zu verbessern. Auf der rechten Seite finden Sie hierzu einige Vorschläge.

Mit Spielzeugen zum Schieben oder Hinterherziehen bleiben Kleinkinder in Bewegung.

• Bälle in verschiedenen Größen eignen sich prima zum Rollen, Treten oder Hochheben und damit Weglaufen. Auch aufgeblasene Ballons zu fangen macht Spaß.

• Mit 18 Monaten mögen viele Kleinkinder Spielzeuge, auf denen sie sitzen und sich mit den Füßen fortbewegen können. Entscheiden Sie sich für ein sicheres Modell und beaufsichtigen Sie das Kind immer, wenn es auf einem solchen Gefährt sitzt.

• Gehen Sie auf einen Spielplatz in Ihrer Nähe, wo das Kind sich auf Schaukeln, Rutschen, Wippen und Klettergerüsten vergnügen kann (behalten Sie aber das Kind immer im Auge).

Kleinkindgymnastik

Der Körper eines Kleinkinds ist extrem biegsam und Sie werden feststellen, dass es sich viel leichter beugen und strecken kann als Sie. Im Folgenden finden Sie einige Tipps für einfache Gymnastikübungen, die Sie zusammen probieren können. Seien Sie immer vorsichtig, und hören Sie auf, wenn das Kind unsicher ist oder Sie sich nicht wohl dabei fühlen.

Legen Sie sich mit angewinkelten Knien hin. Sagen Sie dem Kleinkind, dass es sich gegen Ihre Beine lehnen und Sie bei den Händen halten soll. Heben Sie Ihre Beine vorsichtig an.

Wenn Sie Ihre Beine noch weiter anheben, können Sie das Kleinkind an den Schultern festhalten, damit es nicht auf Ihr Gesicht herunterrutscht.

Setzen Sie sich mit dem Kleinkind zwischen Ihren Knien hin. Halten Sie ein Bein des Kindes gebeugt und helfen Sie ihm, das andere Bein zu heben.

Probieren Sie, ob das Kind seine Zehen küssen kann, erst mit dem einen, dann mit dem anderen Fuß. Dann kann sich das Kind zurücklehnen und versuchen, beide Füße zu küssen.

Kleinkinder und Fernsehen

Die Experten streiten darüber, ob man Kleinkinder fernsehen lassen soll oder nicht. Die Forschung hat ergeben, dass zu viel Fernsehen oder ungeeignete Programme die Entwicklung von Kindern auf verschiedene Weise behindern kann. Es ist vor allem wichtig, die Fernsehzeit bei Kindern unter zwei Jahren strikt zu begrenzen. Wenn Sie entscheiden, ein Kleinkind fernsehen zu lassen, sollten Sie an ein paar Dinge denken. Was immer Sie für richtig halten, denken Sie daran, dass Fernsehen für ein Kleinkind niemals so lehrreich sein wird wie Spielen.

• Lassen Sie Kleinkinder nur auf ihr Alter zugeschnittene Programme sehen. Diese enthalten meist eine Mischung aus vertrauten und neuen Wörtern und Konzepten.

• Lassen Sie sie nicht zu lange fernsehen. Ihre Konzentrationsspanne ist begrenzt und sie werden weniger aufnehmen und weniger Spaß daran haben, wenn sie länger als etwa 15 Minuten vor dem Fernseher sitzen.

DVD und Video

Einige Experten sind der Ansicht, dass es für kleine Kinder besser ist, sich geeignete DVDs oder Videos anzusehen als TV-Programme. Kleinkinder reagieren gut auf ständige Wiederholung, daher macht es ihnen nichts aus, das Gleiche wieder und wieder zu sehen. So kennt das Kind den Inhalt der DVD und – was auch wichtig ist – Sie kennen ihn auch. DVDs mit einfachen Geschichten, Liedern zum Mitsingen oder Reimen eignen sich besonders gut. Nicht so viel Abwechslung bieten DVDs mit bestimmten Figuren, aber Kleinkinder haben Freude daran. Wie beim Fernsehen sollten Sie darauf achten, dass das Kind nicht zu lange guckt.

Nützlicher Tipp

Ein Fernseher im Kinderschlafzimmer ist keine gute Idee. Weiß das Kind, wie der Fernseher eingeschaltet wird, kann es passieren, dass es Sachen sieht, die nicht geeignet sind und schließlich ist das Schlafzimmer zum Schlafen da.

Wenn möglich sehen Sie mit dem Kind zusammen fern. Sprechen Sie mit ihm über das Gesehene und erklären Sie, was neu für es ist.

Die Welt wird größer

Im Alter zwischen 18 Monaten und zwei Jahren nimmt der Wortschatz des Kleinkinds sehr schnell zu. Fast täglich können Sie hören, wie es versucht neue Wörter zu sagen, und es versteht viel mehr von dem, was Sie sagen. In dieser Zeit machen viele Kleinkinder einen großen Schritt nach vorn und entwickeln sich zu eigenen Persönlichkeiten mit individuellen Vorlieben und Abneigungen.

Wie verändert sich das Kleinkind?

Kleinkinder beginnen während dieser Monate zwei Wörter zusammenzusetzen, um kurze Sätze zu bilden.

Die meisten Kleinkinder spielen an der Seite anderer Kinder, aber selten zusammen mit ihnen. Soziale Fähigkeiten lernen sie erst noch.

Jetzt sind Spielzeuge mit Knöpfen, Griffen und Teilen zum Zusammenfügen interessant. Damit kann sich ein Kind stundenlang beschäftigen.

Mit zwei Jahren klettern Kleinkinder liebend gern Spielplatzgeräte und Treppen hoch . . . und Möbel.

In diesem Stadium lernen Kleinkinder auch allein zu essen und richtig aus einem Becher zu trinken.

Vielleicht kann sich das Kind sogar schon allein anziehen.

Formen und Größen

In diesem Stadium sind die meisten Kleinkinder begeistert dabei, Gegenstände nach der Größe zu sortieren und herauszufinden, was wo hineinpasst. Diesen Prozess nennt man Klassifizierung. Da sich ihre Hand-Augen-Koordination verbessert, haben sie zunehmend Spaß daran, Dinge unterschiedlicher Form und Größe zu machen, egal ob aus Schachteln, Flaschen, Sand oder Teig. Auf diesen Seiten finden Sie Aktivitäten, die sich auf das Interesse des Kleinkinds an den Formen und Größen der Dinge ausrichten, die es um sich herum hat. Je öfter Sie Alltagsgegenstände mit Wörtern wie „groß", „klein", „rund" oder „rechteckig" beschreiben, desto schneller wird das Kind verstehen, was Form und Größe bedeuten. Auf der linken Seite finden Sie einige Tipps, wie Sie dem Kind diese Konzepte spielerisch vermitteln können.

- Halten Sie eine Sammlung von Kartons, Tuben, Plastikschüsseln und Schalen in verschiedenen Größen bereit. Helfen Sie dem Kleinkind, sie der Größe nach zu sortieren, und sprechen Sie über Form und Größe jedes Gegenstandes.

- Helfen Sie dem Kind, einige Kartons, Papprollen oder Joghurtbecher zusammenzukleben. Sprechen Sie über die Form jedes Gegenstandes und was man damit machen kann.

- Schneiden Sie aus dünner Pappe einige einfache Formen aus. Das Kind soll diese auf eine flache Oberfläche legen und die jeweilige Form benennen; schauen Sie, welche Bilder Sie gemeinsam daraus basteln können.

- Haben Sie einen Sandkasten oder ist ein Strand in der Nähe? Die meisten Kleinkinder verbringen Stunden damit, Sand in unterschiedlich große Förmchen, Plastikbecher und Eimer zu füllen.

Ein Satz Bauklötze ist das ideale Spielzeug für Kleinkinder, die etwas über Formen herausfinden möchten.

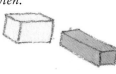

Bücher können helfen

In vielen Büchern für Kleinkinder gibt es Bilder von Gegenständen in unterschiedlichen Formen und Größen; mit deren Hilfe kann das Kind besser begreifen, wie es im Geiste die Dinge in die richtige Reihenfolge bringen muss. Helfen Sie dem Kind dabei, indem Sie mit seinem Finger um die Formen fahren und dabei ihre Namen sagen: „Das ist ein Kreis" oder „Das ist ein Rechteck". Wenn Sie sich gemeinsam ein Buch ansehen, fragen Sie das Kind „Wo ist der große Hund?" oder „Kannst du mir zeigen, wo das kleine Auto ist?"

Faszinierende Formen

Kreis

Kreise sind rund.

Formen in Bilderbüchern zu betrachten ist vielleicht für Sie nicht so spannend, aber Kleinkindern macht das Spaß und es hilft ihnen, etwas über Formen und Größen zu lernen.

Kinderknete

Knete gehört zu den Spielzeugen, mit denen kleine Kinder in den verschiedenen Entwicklungsstufen auf unterschiedliche Weise spielen. Knete hat, wie die Experten sagen, ein langes „Spielleben" und eignet sich für Kinder ab etwa 18 Monaten. Kleinkinder unter zwei Jahren werden vermutlich noch keine erkennbaren Formen produzieren können, aber sie haben Spaß am Kneten und Formen.

Seine eigene Kinderknete herzustellen ist ganz einfach. Hier ein Rezept: 400 g Weizenmehl, 200 g Salz und 40 g Alaun (gibt es in der Apotheke) vermischen. Nach und nach 400 ml gekochtes Wasser hinzugeben. Dann 2–3 Esslöffel Speiseöl und Lebensmittelfarbe nach Belieben dazugeben. In einer Plastiktüte oder einem verschlossenen Behälter hält sich die Kinderknete im Kühlschrank mehrere Monate.

Sachen aus Knete

Kinderknete zu kneten, zu walzen, zu reißen, zu rollen und zu pressen, macht nicht nur Spaß, sondern ermöglicht ihnen auch, zu sehen, wie sich ihr Handeln auf etwas anderes auswirkt – eine wertvolle Erfahrung. Auf der rechten Seite finden Sie einige Vorschläge, was das Kind mit der Knete machen kann. Nehmen Sie immer einen Tisch oder ein großes Tablett als Unterlage, decken Sie den Boden darunter ab und binden Sie dem Kind eine Schürze um. Binden Sie lange Haare zusammen, da die Knete das Haar verkleben kann, hart wird und später herausgeschnitten werden muss.

Sicherheit

Vielleicht versucht das Kind die Knete zu essen, deshalb sollten Sie das Spielen mit Knete immer beaufsichtigen.

• *Kneten Sie einige einfache Formen wie einen Ball, einen Apfel oder eine Banane, um zu sehen, ob das Kind sie erkennt.*

• *Rollen Sie etwas Knete aus und lassen Sie das Kind mit Ausstechförmchen, einer Plastikgabel oder seinen Fingern Muster eindrücken.*

• *Ein Kind in diesem Alter kennt schon die Körperteile. Versuchen Sie, eine einfache Figur mit Augen, Nase, Mund, Armen und Beinen zu kneten und reden Sie über die Körperteile.*

Die meisten Kleinkinder spielen gern mit Knete. Sie können sie stundenlang kneten und darauf herumklopfen.

Zeit zum Anziehen

Kleinkinder unter zwei Jahren können sich meist nicht allein an- und ausziehen – aber das hält sie nicht davon ab, es mit Eifer zu versuchen. Diese Begeisterung fürs An- und Ausziehen kann für Sie anstrengend sein, aber vergessen Sie nicht: Ihr Kind muss üben, wenn es das jemals allein können soll.

„Ich will!"

Viele Erwachsene, die sich um ein Kleinkind kümmern, sind von den zwei kleinen Wörtern „Ich will!" schon zur Verzweiflung getrieben worden. Sie wissen, dass sie meist am Anfang eines eisernen Machtkampfs stehen, wenn das wild entschlossene Kind versucht, sich allein anzuziehen, und sich dabei nicht helfen lassen will. Auf der linken Seite finden Sie einige Tipps zum Umgang mit diesem Problem.

Kleinkinder probieren gern verschiedene Sachen an. Halten Sie eine Schachtel mit alten Mützen, Handtaschen, Schals und großen Schmuckstücken bereit, mit denen das Kind spielen kann. In Secondhandshops gibt es diese Dinge meist günstig zu kaufen.

• Nehmen Sie sich Zeit dafür, wenn sich das Kind an- und auszieht. Zeigen Sie ihm, wie Reißverschlüsse und Knöpfe funktionieren.

• Schließen Sie einen Kompromiss: Das Kind darf sein T-Shirt selbst überstreifen, aber Sie bestehen darauf, ihm die Hose anzuziehen.

• Mit Schuhen kann es besonders schwierig sein. Versuchen Sie das Kind abzulenken, während Sie ihm schnell die Schuhe anziehen, oder sagen Sie, dass jeder einen Schuh anzieht.

• Spielen Sie regelmäßig Verkleiden. Geben Sie dem Kind eine Auswahl an Kleidern, mit denen es spielen darf – Strümpfe an den Händen machen beispielsweise viel Spaß.

Eine Schachtel mit alten Sachen gibt dem Kind viele Möglichkeiten zum Spielen.

Kleinkinder müssen viel üben. Nur so können sie alle notwendigen Fähigkeiten erwerben, um sich alleine anzuziehen.

Geliebtes Spielzeug

Kleinkinder wollen ihre Spielzeuge oft baden und füttern, mit ihnen sprechen und ihnen das geben, was sie in ihrer Fantasie brauchen. Vielleicht kopieren sie Ihr Verhalten. Viele Experten sind der Ansicht, dass es für Kinder wichtig ist, mit einigen Spielzeugen eine emotionale Bindung einzugehen. Durch das Spiel mit ihnen erfährt das Kind ein wertvolles Gefühl der Geborgenheit.

Viele Kleinkinder – Jungen wie Mädchen – haben Spaß daran, Puppen oder Plüschtiere an- und auszuziehen. Das klappt umso besser, je leichter sich die Kleider an- und ausziehen lassen. An einigen Spielzeugen befinden sich Verschlüsse wie an richtiger Kleidung; damit kann das Kind sinnvoll üben, aber wenn es Schwierigkeiten hat oder frustriert ist, sollte man sie wegnehmen.

Nützlicher Tipp

Denken Sie daran, dass auch Spielkleidung schmutzig wird und von Zeit zu Zeit in warmer Seifenlauge gewaschen werden sollte.

Viele Kleinkinder haben eine genaue Vorstellung, wie ihre Puppen gekleidet oder frisiert sein sollen.

Wenn Sie so tun, als wären Sie das Spielzeug und für es sprechen, reagiert das Kleinkind wie auf eine richtige Person.

Kleiderauswahl

Einigen Kleinkindern ist es sehr wichtig, was sie anhaben. Es kann sein, dass sie sich weigern, bestimmte Sachen anzuziehen und dafür solche auswählen, die für das Wetter oder die geplanten Aktivitäten nicht geeignet sind. Das kann anstrengend sein, aber denken Sie daran, das Kind zu loben, wenn es etwas richtig macht, zum Beispiel wenn es sich bei kaltem Wetter eine Mütze aufsetzt. Auf der rechten Seite finden Sie weitere Strategien, die Sie bei der schwierigen Kleiderauswahl anwenden können.

• Überlegen Sie, ob es sich lohnt, über Kleider zu streiten. Wenn die Kleidung zum Wetter passt, ist es dann wirklich wichtig, ob die Teile optisch zusammenpassen?

• Wenn Sie die Auswahl des Kindes wirklich nicht akzeptieren können, bleiben Sie, während Sie ihm etwas anderes anziehen, ruhig und sagen bestimmt „Nein – heute musst du das hier anziehen".

• Versuchen Sie, die Anzahl der Alternativen zu begrenzen. Lassen Sie das Kind eines von höchstens drei Kleidungsstücken wählen und legen Sie die anderen weg.

Malen mit Kleinkindern

Die meisten Kleinkinder würden am liebsten auf viele verschiedene Arten zeigen, was sie denken und fühlen. Das Malen gibt ihnen Gelegenheit, ihre Sicht der Welt durch Bilder auszudrücken. Hier sind einige Ideen für Malaktivitäten mit Kindern bis zwei Jahre. Dafür müssen Sie weder Künstler sein noch umfangreiches Material kaufen. Wichtig ist, dass Sie Spaß am Malen haben.

(Farb-) Zeichen setzen

Die meisten Kleinkinder malen gern mit Farben, weil sie schnell ein optisch befriedigendes Ergebnis erhalten. Wenn das Kind den Pinsel noch nicht richtig halten kann, können Sie ihm auf andere Weise beim Malen helfen. Hierzu finden Sie vier Vorschläge auf der linken Seite.

• Ein Stück Schwamm, Pappe, ein zusammengerolltes Taschentuch, ein Stofffetzen oder einfach die Hände – mit allem kann man prima Farbe aufs Papier bringen.

• Der weiche Teil einer kleineren Farbrolle oder ein mittelgroßer Pinsel kann für kleine Hände besser zu greifen sein.

• Wenn sein Koordinationsvermögen besser wird, ermuntern Sie das Kind dazu, einzelne Finger aufs Papier zu drücken statt die ganze Hand. Probieren Sie einige Muster aus.

• Mischen Sie die Farbe mit viel Wasser und lassen Sie das Kind die Farbe mit einem Schwamm aufs Papier drücken. Das funktioniert auch bei Bildern, die mit Wachsmalkreide gemalt sind.

In Spielwarengeschäften gibt es robuste Plastikschürzen, die sich ideal für Malstunden mit Kleinkindern eignen.

Mit zerschnittenen, in Farbe getauchten Badeschwämmen kann man prima (Farb-) Zeichen setzen.

Nützlicher Tipp

In diesem Stadium bekommen Kleinkinder leicht Farbe ins Gesicht und in die Haare. Vielleicht ist es keine schlechte Idee, die Malstunde direkt vor dem Baden abzuhalten.

Wenn Kleinkinder malen, machen sie sich schmutzig, aber ihre Freude daran wiegt das unvermeidliche Saubermachen hinterher wieder auf. Kaufen Sie abwaschbare, ungiftige Farben und folgen Sie, bevor Sie anfangen, den Anweisungen auf Seite 56, um sich das Spielen zu erleichtern.

Was ist das?

Einer der Gründe, warum künstlerische Aktivitäten so wertvoll sind: Sie geben Ihrem Kleinkind die Gelegenheit, Ihnen zu zeigen, wie es die Dinge sieht. Das vom Kind gemalte Auto mag für Sie nicht wie ein Auto aussehen, aber für das Kind in diesem Stadium schon. Wenn es Ihnen sagt, was auf dem Bild zu sehen ist, spielt es keine Rolle, dass man es nicht erkennt. Viel wichtiger ist es, das Kind für seine kreativen Bemühungen zu loben. Ein Kind lernt viel, wenn es versucht, Gesehenes auf Papier zu bringen.

· Loben Sie das Kind und zeigen Sie Interesse an seinem Malen und am fertigen Resultat.

· Sprechen Sie mit dem Kind über das Gemalte. Sagen Sie ihm, welche Teile und Farben Ihnen am besten gefallen und warum.

· Werfen Sie die Bilder nicht weg. Für das Kind sind sie etwas Besonderes; hängen Sie sie zu Hause auf (wenigstens für ein paar Tage).

Künstlerische Aktivitäten helfen Kleinkindern über die Welt um sie herum nachzudenken

Wenn Kleinkinder anfangen mit Pinseln zu malen, sollten Sie für jede Farbe einen groben Pinsel bereithalten.

Malen mit Wasser

Ein Kleinkind hat auch ohne Farbe Spaß am Malen. Mit Wasser kann es genauso gut etwas Kreatives machen, das ihm gefällt. Im Folgenden finden Sie drei Vorschläge für das Malen mit Wasser. Am besten machen Sie es draußen an einem warmen, trockenen Tag.

Befestigen Sie ein Stück Papier am Zaun oder an der Wand. Geben Sie dem Kind einen Eimer Wasser, einen großen Pinsel, eine Rolle oder einen Schwamm zum Bildermalen.

Falls es bei Ihnen Pflastersteine gibt – Kinder malen gern Wasserbilder auf Steine und beobachten, wie sie wieder verschwinden, wenn der Stein trocknet.

Es macht auch Spaß, Wasser aus einer Gießkanne zu schütten. Helfen Sie dem Kind mit der Kanne einen Kreis, ein Viereck oder eine andere Form seiner Wahl zu gießen.

Alles über Farbe

Für Kleinkinder ist die Welt spannend und bunt. Zwischen 18 Monaten und zwei Jahren fangen die meisten Kinder an, sich für Farben zu interessieren und die Namen der Farben in ihrer Umgebung zu lernen. Spiele mit Farben sind bei Kindern in diesem Alter meist sehr beliebt. Hier ein paar Vorschläge, wie Sie auf einfache Art das Ansprechen und Einprägen von Farben in Ihren Alltag einbauen können:

1. Bevor Sie auf Farbenjagd gehen, zeigen Sie dem Kind etwas in der Farbe, nach der es suchen soll.

• Nennen Sie die Farben der Gegenstände, mit denen das Kind spielt, und sagen Sie zum Beispiel: „Das ist ein lila Klotz." Oder: „Der hier ist rot."

• Spielen Sie Farbspiele, indem Sie das Kind auffordern: „Kannst du mir einen gelben Ring geben?" Oder: „Leg alle grünen Klötze hier hinein."

• Lassen Sie auch einmal das Kind die Farbe des T-Shirts oder der Socken bestimmen, die es anziehen will (aber begrenzen Sie die Anzahl der Möglichkeiten auf drei).

2. Zeigen Sie beim Gehen auf Gegenstände, die die gewählte Farbe haben und sagen Sie: „Da ist eine blaue Tür." Oder: „Hier ist eine blaue Blume."

3. Bitten Sie das Kind, etwas Blaues für Sie zu finden. Leiten Sie es an, indem Sie ihm einen Tipp geben wie: „Ich sehe ein blaues Auto – du auch?".

Fragen Sie das Kind, ob es ein rotes Spielzeug zeigen kann, das zum roten Auto passt.

Farbenjagd

Eine weitere unterhaltsame Möglichkeit, Kinder beim Lernen der Farben zu unterstützen: Gehen Sie mit ihnen auf „Farbenjagd"! Die meisten Kinder in diesem Alter haben Spaß daran und jagen eifrig nach allem, was farbig ist. Auf der linken Seite finden Sie einige nützliche Tipps hierzu. Wenn das gut klappt, gehen Sie noch mal raus und suchen Sie nach Dingen mit anderen Farben.

4. Auf dem Heimweg können Sie das Kind fragen, ob es sich erinnern kann, wo zum Beispiel die „blaue Tür" war.

Bunte Lebensmittel

Es gibt jede Menge Lebensmittel in leuchtenden, natürlichen Farben, wie zum Beispiel rote Kirschtomaten und orangefarbene Karotten. Farbspiele mit Lebensmitteln können Kleinkinder dazu ermuntern, etwas Neues auszuprobieren (verwenden Sie am besten keine Lebensmittel mit künstlicher Farbe).

Legen Sie Lebensmittel verschiedener Farbe auf separate Teller und decken Sie sie mit einem Stück Küchenpapier ab. Nehmen Sie dann vom ersten Teller das Papier ab und sprechen Sie mit dem Kind über die Farbe der Lebensmittel, bevor es die Häppchen essen darf. Blaue Lebensmittel zu finden ist nicht ganz einfach, auf der rechten Seite finden Sie ein paar Alternativen hierzu.

Spielzeuge und Bücher

Die meisten Spielzeuge für Kleinkinder wie Klötze und Stapelringe sind hell und leuchtend gefärbt, was offensichtlich sehr gut ankommt. Auch viele Bücher für diese Entwicklungsphase haben Farben zum Thema. Sie können auf einer Seite zum Beispiel gemeinsam nach „sechs roten Sachen" oder „einer gelben Ente" suchen.

Bunte Klötze machen es Ihnen einfach, dem Kind die Farbnamen wieder und wieder zu nennen.

Orangefarbene Lebensmittel:
- *Orangen- oder Mandarinen*
- *Kleine Stückchen Käse*
- *Gekochte Süßkartoffel (in Würfeln)*
- *Paprika (in Stücken)*
- *Möhren (gestiftelt)*

Grüne Lebensmittel:
- *Gurke (in Würfeln)*
- *Apfel (in Scheiben)*
- *Trauben (halbiert)*
- *Avocado (in Scheiben)*
- *Paprika (in Stücken)*

Rote Lebensmittel:
- *Apfel (in Scheiben)*
- *Kirschtomaten (halbiert)*
- *Trauben (halbiert)*
- *Paprika (in Stücken)*
- *Erdbeeren (halbiert)*

Kleine Begleiter

Mit fast zwei Jahren wird Ihr Kleinkind zu einem ständigen Begleiter, der gern und öfter in Ihrer Nähe spielt. Wahrscheinlich wird es viel reden, auch wenn Sie vielleicht noch nicht alles verstehen. Die folgenden Aktivitäten sind dafür gedacht, dem Kleinkind daheim oder wenn Sie beide unterwegs sind interessante Unterhaltung zu bieten.

1. Setzen Sie sich auf eine Decke und bitten Sie das Kind, Ihnen eine Blume oder ein Blatt zu bringen. Lassen Sie das Kind dabei nicht aus den Augen.

Dinge finden

In diesem Stadium verstehen Kleinkinder viel mehr Wörter, als sie sprechen können. Wenn Sie ein Kind darum bitten etwas für Sie zu suchen, zum Beispiel seine Schuhe, kann es gut sein, dass es seine Schuhe holt, auch wenn es noch nie das Wort „Schuhe" gesagt hat. Sie können es beim Einkaufen bitten, Ihnen die Bananen und Äpfel im Regal zu zeigen. Die meisten Kleinkinder sind stolz, wenn sie auf irgendeine Weise helfen können. Haben Sie einen Garten oder eine Grünfläche in der Nähe, können Sie draußen in der Natur die Suche fortführen. Einige Vorschläge für Aktivitäten finden Sie auf der linken Seite.

2. Zeigen Sie Interesse an seinen Funden. Sprechen Sie über jeden und nehmen Sie ihn mit nach Hause. Für Kleinkinder sind das richtige Schätze.

3. Achten Sie darauf, dass das Kind nichts Schmutziges aufsammelt. Sicherheitshalber hinterher die Finger waschen.

Im Herbst nach Kastanien zu suchen ist für Kleinkinder wie eine Schatzsuche.

Der Natur auf der Spur

Viele Kleinkinder sind fasziniert von Tieren, von allem, was laufen, fliegen oder krabbeln kann. In diesem Alter sollten Sie Ihr Kind davon abhalten, kleine Tiere anzufassen. Es könnte sie sonst mit den Fingern zerquetschen, weil es noch nicht einschätzen kann, wie fest es bei kleinen Gegenständen zupacken darf. Außerdem könnte es ausprobieren wollen, wie das Tier schmeckt.

· Ermuntern Sie das Kind zu beobachten, wie Tiere krabbeln, zappeln oder fliegen.

· Zählen Sie die Beine von Spinnen und sprechen Sie über ihre runden Körper oder haarigen Beine.

· Geben Sie Ameisen Krümel zum Tragen und beobachten Sie, wohin sie die Beute bringen.

· Mit einer Lupe kann man Insekten noch besser beobachten.

Halten Sie nach Spinnennetzen Ausschau. Davon sind Kleinkinder oft fasziniert.

Helfen

Kleinkinder unter zwei Jahren können Ihnen noch nicht beim Kochen helfen, aber wenn Sie Ihnen etwas geben, womit sie sich neben Ihnen in der Küche beschäftigen können, haben sie das Gefühl, einbezogen zu werden. Mit den folgenden Ideen geben Sie dem Kind das Gefühl, auch zu „kochen".

• *Geben Sie dem Kind eine Plastikschüssel, einen Holzlöffel und ungekochte Nudeln, in denen es rühren kann.*

• *Lassen Sie das Kind das Obst sortieren und Äpfel, Bananen und Orangen in jeweils unterschiedliche Schüsseln legen.*

• *Sie können das Kind auch Trockenobst- oder Getreideringe auf eine Schnur fädeln lassen, die Sie hinterher zusammenknoten.*

• *Geben Sie ihm einige echte Lebensmittel, Wasser und Plastikteller und -tassen, damit es sein eigenes Kaffeekränzchen halten kann.*

Alltagskunst

Die Forschung hat ergeben, dass Kleinkinder enorm davon profitieren, wenn sie eine Alltagsroutine entwickeln. Daher ist es gut, sie daran zu gewöhnen, zu unterschiedlichen Tageszeiten unterschiedliche Spiele zu machen. Die Aktivitäten auf diesen Seiten sind für ruhigere Zeiten, da das Kind hierbei stillsitzen und sich konzentrieren muss. Was dabei herauskommt, mag in Ihren Augen keine Kunst sein, aber jedes Resultat erlaubt Ihnen einen kleinen Einblick in die Art und Weise, wie Kinder fühlen, lernen und denken.

Nützlicher Tipp

Die Vorbereitung ist Teil des Vergnügens. Also lassen Sie das Kind vor dem Basteln beim Vorbereiten helfen.

Kleinkinder haben Spaß daran, die Gegenstände, die sie für ihr Bild brauchen, nach Größe, Form und Farbe auszuwählen.

1. Legen Sie einige alltägliche Gegenstände wie trockene Nudeln, Wollfäden, Schnur, Stoffstücke, Folie oder Blätter auf verschiedene Plastikteller.

2. Tragen Sie Bastelleim auf ein großes Stück Pappe oder dickes Papier auf. Fügen Sie noch mehr Leim hinzu, wenn dieser antrocknet, bevor das Bild fertig ist.

3. Ermutigen Sie das Kind dazu, Gegenstände aufzukleben. Zeigen Sie ihm, wie man Schnur biegt oder Dinge übereinanderklebt.

Klebespaß

Die meisten Kleinkinder zwischen 18 Monaten und zwei Jahren haben Spaß daran, Dinge auf Papier zu kleben. In diesem Stadium können Kleinkinder noch nicht mit der Schere umgehen, daher müssen Sie das Ausschneiden übernehmen; das Aufkleben ist dagegen Sache des Kindes. Im Folgenden finden Sie einige Ideen hierzu. Das Ganze kann weniger klebrig werden, wenn das Kind einen Klebestift benutzt.

- Schneiden Sie aus einer Zeitschrift oder einem Comic Gesichter aus. Lassen Sie das Kind Klebstoff auf der Rückseite auftragen und sie auf ein Blatt Papier kleben.

- In diesem Alter macht es Kindern Spaß, Papier in Stücke oder Streifen zu zerreißen und aufzukleben. Geben Sie dem Kind alte Zeitschriften oder Seidenpapier zum Zerreißen.

- Auseinandergeschnittene Lebensmittelverpackungen aus Papier oder Pappe eignen sich gut für eine Collage, über die Sie später sprechen können.

Um Sachen festzukleben, die schwerer sind als Papier, wie die auf der linken Seite vorgeschlagenen, benötigen Sie ungiftigen weißen Bastelleim, der beim Trocknen transparent wird. Kleinkinder in diesem Alter haben vielleicht Schwierigkeiten, einen Leimpinsel zu halten, daher ist es am besten, wenn Sie das Aufbringen von Leim auf Papier oder Pappe selbst übernehmen.

Teller und Verpackungen

Ein Stapel preiswerter, einfacher Pappteller, etwas Wolle, Seidenpapier und eine Auswahl an Lebensmittelverpackungen bieten Kleinkindern viele Spielmöglichkeiten.

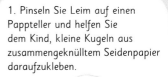

1. Pinseln Sie Leim auf einen Pappteller und helfen Sie dem Kind, kleine Kugeln aus zusammengeknülltem Seidenpapier daraufzukleben.

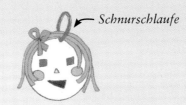

Schnurschlaufe

Lassen Sie das Kind mit ungiftigen Wachsmalstiften auf einem Teller malen.

Malen Sie Münder, Nasen und Augen auf, um ein Papptellergesicht zu erhalten. Als Haare kleben Sie Wollfäden auf. Mit Schnur können Sie das lustige Gesicht aufhängen.

2. Setzen Sie rote Kugeln auf den Rand, dann zur Mitte hin orangefarbene, gelbe, blaue und lilafarbene. In der Mitte durchgeschnitten, werden aus dem Teller zwei Regenbögen.

Helfen Sie dem Kind, aus Lebensmittelverpackungen und Klebeband Häuser und Gebäude zu bauen.

Aus Verpackungen lassen sich alle möglichen Fahrzeuge basteln, zum Beispiel Autos, LKWs und Weltraumraketen.

Aktivitäten wie diese sind ideal, wenn mehrere Kleinkinder beisammen sind.

Zeit für Geschichten

In diesem Stadium kann die Sprachentwicklung des Kleinkinds mit Riesenschritten vorangehen. Viele Kleinkinder, die mit 18 Monaten nur einige Wörter konnten, können mit zwei Jahren einen Wortschatz von bis zu 200 Wörtern haben. Vorlesen ist optimal, wenn das Kind ein Interesse für die Sprache entwickelt.

Geschichten auf Kassette oder CD tragen bei Kleinkindern zur Entwicklung des Zuhörvermögens bei, verbessern die Konzentration und bieten eine ideale Pause vom aktiven Spiel. Probieren Sie, sich selbst beim Vorlesen einer Lieblingsgeschichte des Kindes aufzunehmen. Es wird ihm nichts ausmachen, wenn Sie nicht klingen wie ein Profi.

Lauschen Kleinkinder einer Geschichte, können sie sich beim Zuhören dazu passende Bilder ausdenken.

Vorlesen

Obwohl die meisten Kleinkinder in diesem Alter noch immer Spaß an Bilderbüchern und am Umblättern der Seiten haben, hören sie wirklich gern zu, wenn man ihnen Geschichten vorliest. Die richtige Geschichte für ein Kleinkind auszuwählen ist nicht ganz einfach, doch im allgemeinen kann man feststellen, ob ein Buch auf dem richtigen Sprachniveau oder interessant genug ist – nämlich dann, wenn das Kind lange genug stillsitzt und zuhört. Auf der linken Seite finden Sie weitere Tipps, wie man gute Geschichten finden kann.

Obwohl Kleinkinder noch nicht lesen können, haben viele Spaß daran, selbst im Buch zu blättern.

• Suchen Sie Geschichten aus, die nicht zu viele Wörter enthalten. Kleinkinder haben keine Freude an einer Geschichte, die sie nur schwer verstehen.

• Geschichten über Dinge, die das Kind kennt, wie Teddybären oder andere Kinder, sind ein guter Ausgangspunkt.

• Auch ungewöhnliche Ideen kommen an, wie Spielzeuge, die mit Raketen in den Weltraum geschossen werden, vorausgesetzt die Sprache ist nicht zu schwierig.

• Geschichten mit Wiederholungen sind ideal, wie die vom Wolf, der das Haus der drei kleinen Schweinchen umpustet, da Kleinkinder schnell lernen, bei solchen Passagen mitzumachen.

• Bücher mit Klappen zum Anheben oder Pop-up-Bildern sind ebenfalls gut, da das Kind sich damit an der Geschichte beteiligt fühlt.

Erzähl eine Geschichte

Obwohl Kleinkinder vertraute Geschichten lieben, wollen viele auch neue hören, die extra für sie erfunden wurden. Wenn Ihnen das Geschichtenerfinden schwerfällt, probieren Sie, sie um alltägliche Ereignisse im Leben des Kindes herum zu erfinden. Für das Kind sind sie spannend.

Nützlicher Tipp

Versuchen Sie nicht, eine Seite auszulassen oder eine Lieblingsgeschichte abzukürzen; Kleinkinder bestehen meist darauf, dass Sie jedes Mal Wort für Wort lesen . . .

Märchenstunden in Bibliotheken eignen sich prima, um zu lernen, wie man stillsitzt und zuhört.

1. Zeichnen Sie eine einfache Figur auf dünne Pappe. Lassen Sie das Kleinkind sie mit Malstiften bunt anmalen und schneiden Sie die Fingerpuppe aus.

Schlaufe aus Pappe

· Geschichten aus dem Leben des Kindes sind jeden Tag anders. „Dann aß Tim Nudeln und einen Apfel zu Mittag" klingt simpel, ist aber wichtig für das Kind.

· Auch ein Foto des Kindes kann Ausgangspunkt einer Geschichte sein. Sie können zum Beispiel beginnen mit: „Eines Tages ging Lena an den Strand."

· Wählen Sie als Fokus der Geschichte ein Lieblingsspielzeug. Sie können sagen, „Teddy beschloss, spazieren zu gehen", und den Teddy dabei über Ihren Schoß laufen lassen.

· Es wird leichter, wenn Sie in Ihren erfundenen Geschichten bestimmte, immer wiederkehrende Phrasen einbauen. So wird zum Beispiel „Und dann war es Zeit, ins Bett zu gehen" zum vertrauten Ende.

2. Kleben Sie eine Schlaufe aus Pappe auf die Rückseite der Fingerpuppe. Schieben Sie die Schlaufe über die Finger des Kindes und zeigen Sie ihm, wie sich die Fingerpuppe bewegt.

Kleinkinder haben Spaß daran, Geschichten oder Alltagssituationen mit ihren Spielzeugen nachzuspielen. Studien zeigen, dass diese Art von Spiel Kindern entscheidend dabei hilft, die Dinge zu verstehen, die in ihrem Leben passieren. Mit einfachen Fingerpuppen (wie man sie herstellt, steht auf der rechten Seite) bekommt das Kind neue Figuren, die es in sein Fantasiespiel integrieren kann.

3. Wenn Sie eine zweite Fingerpuppe basteln, kann das Kind auf jeder Hand eine halten, oder jeder von Ihnen übernimmt eine Sprechrolle im Puppentheater.

Der zweite Geburtstag

• Laden Sie nicht zu viele Kinder ein, und bitten Sie einige Erwachsene da zu bleiben. Kleinkinder brauchen viel Aufmerksamkeit.

• Legen Sie die Feier um eine Mahlzeit herum und servieren Sie frühzeitig etwas zu essen, damit die Kinder nicht müde und hungrig werden.

• Die Zeit nach dem Essen eignet sich gut für Mitmach-Reime. Halten Sie immer etwas zu trinken bereit.

• Vielleicht können Sie ein Ballbad oder eine kleine Hüpfburg mieten. Auf jeden Fall sollte es eine ruhige Ecke geben, wo die Kinder mit Malstiften malen können.

• *Feiern Sie mit einer Ausschneide- und Klebestunde für das Geburtstagskind und einige seiner Freunde.*

• *Bei gutem Wetter können Sie ein Picknick veranstalten. Nehmen Sie Essen, Spielsachen und eine große Decke mit und lassen Sie die Kinder zusammen spielen.*

• *Bei kleinen Gruppen ist auch ein Besuch im Zoo, auf einem Bauernhof oder im Spieleparadies denkbar. Stellen Sie aber sicher, dass genügend Erwachsene dabei sind.*

Mit zwei hat das Kind schon mehr von einer Geburtstagsfeier als im Jahr zuvor, aber mit der Anmietung eines Partyzelts können Sie ruhig noch warten. Zweijährige sind für die meisten Partyspiele zu jung und werden schnell überdreht. Halten Sie die Dinge einfach, damit Sie alle den großen Tag genießen können. Wenn Sie beschließen, ein Geburtstagsfest zu veranstalten, finden Sie auf der linken Seite einige Tipps für die Planung. Halten Sie die Süßigkeiten am besten unter Verschluss, bis die gesünderen Sachen gegessen wurden.

Dieses Jahr kann das Kind seine Geburtstagskerzen wahrscheinlich schon ganz allein auspusten.

Altersgemäß feiern

Zweijährige mögen noch nicht viel von Geburtstagen verstehen, aber sie begreifen, dass alle Aufmerksamkeit auf sie gerichtet ist. Die meisten Kinder haben es lieber, wenn man sich mit ihnen beschäftigt, anstatt sich um die Essensvorbereitung zu kümmern. Zu einer einfachen, traditionellen Geburtstagsfeier gehören einige Spiele, Lieder, etwas zu essen und ein Kuchen mit Kerzen drauf. Auf der linken Seite finden Sie drei Ideen, wie Sie den Geburtstag mal etwas anders gestalten können.

Schon zwei Jahre alt

Die meisten Kleinkinder machen in den sechs Monaten nach ihrem zweiten Geburtstag enorme Veränderungen durch. In diesem Alter befreit sich das Kind immer mehr aus der totalen Abhängigkeit von den Eltern. Viele werden jetzt vielleicht auch zum großen Bruder oder zur großen Schwester, wenn die Familie ein weiteres Baby bekommt. Dies ist die letzte Phase, die in diesem Buch behandelt wird. Sie widmet sich dem Alter, in dem die einzigartige Persönlichkeit des Kindes wirklich zu Tage tritt.

Wie verändert sich das Kleinkind?

Die Sprache entwickelt sich jetzt schnell. Kleinkinder stellen viele Fragen und fordern zufriedenstellende Antworten ein.

Die meisten Kleinkinder gehen aufs Töpfchen und können mit zweieinhalb Jahren schon an die Toilette gewöhnt sein. Auch ihre Hände können sie schon waschen.

Kleinkinder können ein kurzes Stück neben Ihnen laufen. Sie werden unabhängiger in allem, was sie tun.

Vielleicht zeigt sich schon, ob das Kind Rechts- oder Linkshänder ist. Es wird seine „Vorzugshand" häufiger benutzen.

Viele können schon mit Besteck essen und Kügelchen auffädeln.

Sie können einen Malstift oder Pinsel halten und recht ordentliche Linien ziehen.

• Achten Sie darauf, dass Sie beide vor dem Kochen die Hände waschen.

• Erklären Sie dem Kind, dass der Ofen sehr heiß ist. Sorgen Sie dafür, dass es Abstand zum Ofen hält.

• Lassen Sie das Kind nie unbeaufsichtigt in der Küche. Unfälle passieren innerhalb von Sekunden.

• Halten Sie gefährliche Küchenutensilien immer außer Reichweite.

Kochen mit Kindern

Mit einem Kleinkind zu kochen hört sich vielleicht etwas anstrengend an, aber wenn Sie es seinem Alter und seinen Fähigkeiten entsprechend einbinden, hat es bestimmt Vergnügen daran, gemeinsam mit Ihnen in der Küche Sachen umzurühren, auszustechen oder aufzuspritzen. Allerdings sollten Sie auf etwas Unordnung vorbereitet sein! Die meisten Kleinkinder lieben es zu kochen. Da aber eine Küche ein gefährlicher Ort sein kann, muss das Kind verstehen, dass es gewisse Regeln zu befolgen hat. Halten Sie sich beim Kochen mit einem Kind immer an die Anweisungen auf der linken Seite.

Ausrollen, ausstechen, umrühren

Das Schönste am Kochen ist für ein Kleinkind wahrscheinlich, dass es die Sachen anfassen und hinterher essen darf.

1. Geben Sie dem Kind etwas Teig (gern auch fertig gekauften) und helfen Sie ihm, ihn auszurollen.

2. Zeigen Sie dem Kind, wie man mit Förmchen Teig aussticht und legen Sie die „Kekse" auf ein Tablett.

3. Auf die fertig gebackenen, abgekühlten Kekse kann das Kind Zucker streuen oder Glasur aufspritzen.

Für Kleinkinder ist es eine tolle Sache, richtige Zutaten zu benutzen, dieselben, mit denen Sie auch kochen.

• *Wenn Sie die Zutaten für einen Kuchen oder eine Sauce umrühren, lassen Sie auch einmal das Kind mit seinem Löffel mitmachen.*

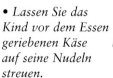

• *Lassen Sie das Kind vor dem Essen geriebenen Käse auf seine Nudeln streuen.*

• *Lassen Sie das Kind geschnittenes Obst oder einen Löffel Honig in seinen Joghurt rühren.*

Kleinkinder in diesem Alter rühren zwar immer noch gern trockene Nudeln in einer Schüssel um, aber in etwas zu rühren, was sie essen können, macht ihnen noch mehr Spaß. Auf der linken Seite finden Sie drei Vorschläge, wie Sie dem Kind das Gefühl geben können, mitzumachen und „richtig" zu kochen.

Kleine Chefköche

Es ist nicht wichtig, viele Utensilien zu haben, aber das Arbeiten mit einem kleineren Nudelholz und Holzlöffeln macht das Kochen mit Kindern entschieden einfacher. Wenn Sie dem Kind eine Kochschürze anziehen und, wie auch Köche das machen, sein Haar bedecken oder zurückbinden, wird das Kochen zum besonderen Ritual. Lassen Sie den „Chefkoch" allen das fertige Ergebnis zeigen. Das Gefühl, etwas geschafft zu haben, stärkt das Selbstvertrauen des Kindes und selbst wenn das Resultat nicht perfekt ist, muss man es unbedingt loben.

Kleinkindern gesundes Essen schmackhaft zu machen ist nicht immer einfach. Auf der rechten Seite finden Sie einige Ideen, wie Sie das Kind in die Essensvorbereitung einbinden und ihm das Essen schmackhafter machen können.

Vielleicht hat das Kind Sie Dinge in der Küche tun sehen und ist wild darauf, dies selbst zu probieren.

· Stellen Sie einen Pizzaboden, etwas Tomatensauce und eine Auswahl an Belägen in Schüsseln hin. Helfen Sie dem Kind, mit dem Löffel Sauce auf dem Boden zu verteilen und ihn dann nach seinem Gusto zu belegen.

· Einfache Haferkekse sind vielleicht nicht so beliebt, aber wenn das Kind sie mit ein paar gehackten, getrockneten Aprikosen oder Rosinen belegen darf, schmecken sie gleich besser.

· Es kann sein, dass das Kind bereitwilliger frisches Obst in Stücken ist, wenn es etwas Magerquark oder Naturjoghurt darauf tun darf.

Es macht ihm nichts aus, dass in Ihrem Nudeltopf kein heißes Wasser ist – es ist das Rühren, das ihm Spaß macht.

Umgang mit Messern

Scharfe Küchenmesser sind für Kleinkinder nicht geeignet, aber unter sorgfältiger Beobachtung können sie lernen, wie man mit Plastik- oder stumpfen Tafelmessern schneidet. Lassen Sie das Kind sein Koordinationsvermögen an einer geschälten Banane oder einer Wurst aus Knete testen.

Sprechen Sie beim Kochen und Servieren des Essens mit dem Kind darüber, welche Lebensmittel gut und welche nicht so gut sind. So lernt es etwas über gesunde Ernährung.

Zeichnen und Ausmalen

Es gibt wenige so einfache Aktivitäten, in denen Kleinkinder so aufgehen, wie das Zeichnen. Einige Kinder brauchen ein wenig länger, um zu lernen, wie man Stifte festhält und etwas Erkennbares aufs Papier bringt, aber je mehr Übung sie haben, desto mehr Selbstvertrauen bekommen sie.

Mit Daumen und zwei Fingern

Bevor sie zweieinhalb Jahre alt sind, halten die meisten Kleinkinder einen Stift mit der ganzen Hand, „schrubbeln" damit über die Seite und machen Krakellinien. Allmählich lernen sie den sogenannten Dreifingergriff, bei dem Zeigefinger, Mittelfinger und Daumen den Stift beim Zeichnen halten.

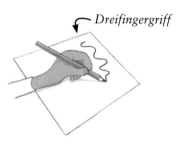

Kleinkinder brauchen viel Übung, bevor sie lernen, den Stift kontrolliert übers Papier zu führen.

In diesem Stadium hilft man dem Kind am besten mit einer Auswahl an dicken Stiften und Malkreiden. Geben Sie ihm in den nächsten Monaten einige Buntstifte und beobachten Sie, wie gut das Kind sie in den Fingern halten kann.

Dreifingergriff

Die Beherrschung des Dreifingergriffs wird Kindern später auch beim Schreiben helfen.

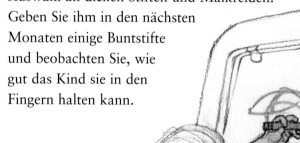

Es kann Kleinkindern Spaß machen, an der Staffelei zu zeichnen.

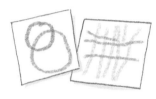

Mit zweieinhalb Jahren sind Kleinkinder schon in der Lage, Kreise, horizontale Linien und V-Formen zu zeichnen.

Vielleicht stellen Sie fest, dass das Kind nach seinem zweiten Geburtstag kontrolliertere Striche und sogar Kreise zeichnet oder einfache V- oder T-Formen kopiert. Es schenkt dem Zeichnen seine volle Konzentration und viele Kinder sind aufgebracht, wenn sie das Gefühl haben, etwas falsch gemacht zu haben. Ermuntern Sie das Kind, es weiter zu versuchen und helfen Sie ihm, ein Problem zu lösen, wenn es nicht weiterzukommen scheint. Denken Sie auch daran zu loben, egal was das Kind zu Papier bringt.

Machs mir nach

Eine ideale Methode, um Kleinkindern Spaß am Zeichnen zu vermitteln, ist, ihnen zu zeigen, dass Sie auch Spaß daran haben. Sie brauchen dafür kein großer Künstler zu sein, denn das Kind freut sich selbst über die einfachsten von Ihnen gezeichneten Formen. Versuchen Sie sich an einem Auto oder einer Blume. Inspiration hierfür bieten Bilderbücher. Davon abgesehen, dass das Kind vielleicht probiert, Ihre Motive zu kopieren und auszumalen oder einfach darauf herumkritzelt, bereitet den meisten Kleinkindern das gemeinsame Zeichnen besonders großes Vergnügen.

Viele Kleinkinder würden gern sich selbst oder andere zeichnen. Das ist unglaublich schwer. Doch Sie können den Wunsch des Kindes, „Porträts" zu zeichnen, trotzdem erfüllen, indem Sie es die Hände oder Füße einer Person zeichnen lassen. Auf der rechten Seite finden Sie einige Anregungen, wie das geht.

Richten Sie, wenn möglich, eine spezielle Zeichenecke für das Kind ein und ermuntern Sie es, dort seine Bilder zu zeichnen.

1. Bitten Sie das Kind, eine Hand auf ein Blatt Papier zu legen oder einen Fuß darauf zu stellen, während Sie die Umrisse zeichnen.

2. Das Kind kann probieren, die Flächen innerhalb der Umrisse mit Buntstiften auszumalen; es macht nichts, wenn es über den Rand malt.

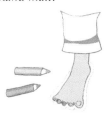

3. Lassen Sie das Kind die Umrisse Ihrer Hand oder Ihres Fußes zeichnen. Das macht ihm Spaß, auch wenn die Linien vielleicht nicht gerade sind.

Zeichnen mit PC

Haben Sie Zugang zu einem Computer? Schon Kleinkindern ab zwei Jahren gefällt es oft, am PC zu zeichnen. Sie können den Umgang mit der Maus lernen und wie man in Zeichenprogrammen für Kinder Farben und Formen auswählt und erkennt. Ein Ausdruck des fertigen Bilds kommt oft gut an.

Nützlicher Tipp

Lassen Sie Kleinkinder nicht zu lange am PC sitzen.

Bauen und Planen

Selbst die dynamischsten Zweijährigen haben irgendwann keine Lust mehr herumzurennen. In solchen ruhigeren Phasen können Aktivitäten, die die Fantasie des Kindes anregen, wie das Planen und Bauen von Dingen, ideal sein. So ist das Kind weiterhin beschäftigt, engagiert und entdeckt beim Spielen Neues, aber auf seine eigene Weise und in seinem eigenen Tempo.

Zweijährige besitzen viele Fähigkeiten, die sie täglich ausbauen. Wenn Sie dem Kind verschiedene Materialien geben, werden Sie vielleicht überrascht sein, was es damit oder daraus machen kann. Lassen Sie dem Kind ruhig seinen Spaß mit solchen Aktivitäten, die einige Experten „freies Spiel" nennen. Durch diese Freiheit, allein zu bestimmen, wie es spielt, lernt ein Kind, Entscheidungen zu treffen, seine Ideen auszuprobieren und zu denken.

Kartons und Flaschen

Leere Pappkartons und saubere Plastikflaschen geben einem Kleinkind die Möglichkeit, sich mit Dingen im größeren Maßstab zu beschäftigen. Lassen Sie es experimentieren und herausfinden, wie Dinge zusammenpassen, und helfen Sie ihm bei Bedarf beim Leimen, Falten und Kleben mit Klebeband. Auf der linken Seite finden Sie einige Ideen hierzu. Ermuntern Sie das Kind, Ihnen zu erzählen, was es gebastelt hat, aber akzeptieren Sie, wenn es nicht will.

Schneidet man zwei Löcher in einen Karton, kann daraus ein Helm oder eine Maske werden. (Achten Sie darauf, dass die Löcher auf Augenhöhe des Kindes sind.)

Kleben Sie eine Schachtel und eine Tasse aus Plastik auf einen größeren Karton, wird daraus ein Schlossturm. Schneiden Sie eine Tür aus, die das Kind öffnen und schließen kann.

Eine leere Papprolle ist ein prima Tunnel für Spielzeugautos. Noch mehr Spaß macht es, wenn darunter ein Karton steht, in den die Autos fallen.

Sicherheit

Lassen Sie Kinder niemals mit Plastiktüten spielen! Diese dürfen nicht in die Nähe von Kopf oder Mund gelangen.

Kleinkinder haben oft eine ziemlich genaue Vorstellung von dem, was sie basteln – auch wenn Sie das vielleicht nicht so deutlich sehen.

Bauklötze

Bauklötze sind Spielzeuge, die mit der Entwicklung des Kindes mitwachsen. Einige Sorten kann das Kind so zusammenstecken, dass viele verschiedene Formen und Figuren dabei herauskommen. Falls dem Kind die Ideen ausgehen, sind hier einige Vorschläge, was man mit Klötzen machen kann:

Klötze zum Zusammenstecken sind ideal, um große Türme zu bauen, weil sie nicht so leicht auseinander purzeln.

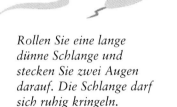

· Ermuntern Sie das Kind, herauszufinden, wie hoch es den Turm bauen kann, bevor er einstürzt. Zählen Sie beim Aufbauen die Klötze.

· Setzen Sie sich neben das Kind und helfen Sie ihm, einen Ring aus Klötzen um Sie herum zu legen wie eine richtige kleine Höhle.

· Bauen Sie zusammen etwas nur aus grünen Klötzen und bitten Sie dann das Kind, etwas aus roten oder blauen Klötzen zu bauen. Lassen Sie es erzählen, was es gebaut hat.

· Ermuntern Sie das Kind, einem Pfad aus Klötzen zu folgen, den Sie gelegt haben. Kann das Kind auch einen Pfad für Sie legen?

Modellieren mit Knete

In diesem Alter wollen Kleinkinder eher mit Knete formen als nur damit herumzumatschen. Lassen Sie das Kind herausfinden, was es mit und aus Knete machen kann. Wenn das Ergebnis seinen Erwartungen entspricht, können Sie die folgenden Ideen zusammen ausprobieren. Arbeiten Sie neben dem Kind und helfen Sie ihm, wenn es Sie darum bittet, aber lassen Sie das Kind entscheiden, was wohin kommt.

Formen Sie eine Spinne aus Knete. Rollen Sie eine Kugel, die als Körper dient, und rollen Sie dann acht Beine aus, die Sie (von eins bis acht zählend) an den Körper kleben.

Rollen Sie Knetwürste und winzige Erbsen aus. Klopfen Sie ein Stück Knete flach und schneiden Sie mit einem Plastikmesser ein paar Pommes frites aus.

Rollen Sie eine lange dünne Schlange und stecken Sie zwei Augen darauf. Die Schlange darf sich ruhig kringeln.

Spaß und Spiele

Kleinkinder lernen durch körperliche Aktivitäten genauso viel wie durch Bücher und Spielzeuge. Mit zwei Jahren können sie rennen, springen und klettern und sind voller Energie; daher ist es jetzt umso wichtiger, dass Sie dem Kind die Möglichkeit zu regelmäßiger Bewegung bieten.

Früher waren einige Experten der Ansicht, dass körperliche Aktivitäten für kleine Kinder nicht wichtig sind, sondern vielmehr eine Pause vom „richtigen" Lernen darstellen. Neuere Studien zeigen, dass Kinder die Möglichkeit zum aktiven Spielen brauchen, wenn sie sich zu gesunden, glücklichen Erwachsenen entwickeln sollen.

Fordern Sie das Kind auf, Ihre Bewegungen nachzumachen. Setzen Sie für einige Bewegungen viel Kraft ein und für andere weniger, um sicherzustellen, dass das Kind aufmerksam zusieht.

Spiele mit starkem körperlichem Einsatz können dazu beitragen, dass das Kind Vertrauen in seinen Körper entwickelt. Halten Sie das Kind an den Beinen fest und spielen Sie Schubkarre.

Die meisten Kleinkinder weichen den Dingen jetzt eher aus, als gegen sie zu stoßen. Stellen Sie Hindernisse wie Stühle auf und lassen Sie das Kind drum herum rennen.

Aktive Spiele mit körperlichem Einsatz fördern das Koordinationsvermögen.

Sicherheit

Es kommt vor, dass Kinder sich beim Spiel Beulen oder blaue Flecke holen. Versuchen Sie es zu akzeptieren, trösten Sie das Kind, aber halten Sie es nicht vom Spielen ab.

Alle zusammen

Einer der größten Vorteile aktiven Spielens ist, dass Kinder das auch gemeinsam mit anderen machen können. Kleinkinder spielen oft einfache Varianten des Fangens oder Versteckens, rennen draußen herum und gehen auf Entdeckungsreise oder bauen zusammen Höhlen. Mit solchen Spielen lernen sie Entscheidungen zu treffen, Probleme zu lösen und zusammenzuarbeiten. Vielleicht spielt das Kind immer noch die meiste Zeit am liebsten allein, aber je mehr Gelegenheiten es hat, mit anderen zu spielen, desto besser.

Bewegung zu Musik

Experten haben herausgefunden, dass Kleinkinder instinktiv ihren Körper bewegen, wenn sie Musik hören. Es scheint, als wären sie darauf „programmiert", auf Musik zu reagieren. Daher ist die Musik ein ideales Mittel ein Kind dazu zu bringen, sich zu bewegen. Die drei Ideen hierzu auf der rechten Seite sind für drinnen geeignet und ermuntern vielleicht auch ein zurückhaltenderes Kind zum Mitmachen.

Kleinkinder in diesem Alter sind sehr beweglich und können sich viel leichter beugen und strecken als Erwachsene.

- Bewegen Sie sich gemeinsam zur Musik, dann schalten Sie sie ab und stehen still. Wenn Sie die Musik wieder einschalten, bewegen Sie sich beide wieder.

- Legen Sie Musik mit hörbarem Takt oder Rhythmuswechsel ein. Ermuntern Sie das Kind dazu zu tanzen, wie es möchte.

- Mitmach-Lieder fördern das körperliche Koordinationsvermögen. Lieder wie „Wenn du Lust hast, klatsche in die Hand" zum Beispiel.

Schwimmnudel

In diesem Stadium kann das Kind im Wasser eine Schwimmnudel benutzen. Achten Sie darauf, dass es sie nicht loslässt.

Übt das Kind, einen kleinen Ball übers Wasser zu blasen, hilft das, seine Atmung zu kontrollieren.

Wassergymnastik

Bewegung im Wasser ist ein exzellentes Körpertraining, daher sind regelmäßige Schwimmbadbesuche eine gute Sache. Sie können in seichtem Wasser einige Mitmach-Reime wie „Ringel, Ringel, Reihen" mit dem Kind probieren. Auf der rechten Seite finden Sie zwei weitere Vorschläge, die helfen, das Selbstvertrauen Zweijähriger zu stärken, die noch nicht schwimmen können. Behalten Sie das Kind die ganze Zeit im Blick, selbst wenn es mit einer Schwimmhilfe über Wasser bleibt, und bleiben Sie pro Mal nicht länger als 40 Minuten im Becken.

Was bin ich?

Nach dem zweiten Geburtstag beginnen die meisten Kinder mit Fantasiespielen. Auf diese Weise lernen Kleinkinder, wie sie ihre Gefühle ausdrücken und kontrollieren können und wie andere Menschen sich verhalten und fühlen. Das ist auch besonders wichtig für ihre soziale Entwicklung, da sie anfangen, mit anderen Kindern zu spielen.

Rollenspiele

Ermuntern Sie Kleinkinder frei zu spielen, und versuchen Sie nicht, Jungen am Einnehmen traditioneller „Frauenrollen" zu hindern oder umgekehrt. In der heutigen Gesellschaft müssen Männer kochen und Windeln wechseln und Frauen müssen Nägel in die Wand schlagen und mit dem Bohrer umgehen können. Das Kind darf nicht den Eindruck bekommen, dass Männer und Frauen klare Rollenverteilungen hätten.

Kleinkinder werden mit umso mehr Spaß in eine Rolle schlüpfen, wenn sie an der Entstehung des Kostüms beteiligt waren. Lassen Sie das Kind seine Krone dekorieren oder ein Pappschild anmalen. Auf der linken Seite finden Sie ein einfaches Modell für einen Hut, den Sie auf vielfache Weise abwandeln können.

1. Um einen Hut zu basteln, brauchen Sie ein dünnes Stück Pappe, etwas Klebeband und ein paar Goldsterne.

Überstehende Ränder abschneiden

2. Rollen Sie die Pappe wie eine Schultüte zusammen und kleben Sie die Seiten fest.

3. Verzieren Sie den Hut mit Goldsternen (oder anderen Formen).

Im Zentrum der Fantasiespiele von Kleinkindern stehen oft kleine Spielzeuge, für die sie „Miniwelten" erfinden.

Für sie sind Spielzeuge echte Wesen mit Gefühlen und eigenen Persönlichkeiten.

Spielhilfen

Beim Erfinden von Fantasiespielen brauchen Kleinkinder meist keine Hilfe. Auch ist es nicht notwendig, teure Kostüme zu kaufen, aber mit einigen beliebten Requisiten macht das Spielen gleich noch mehr Spaß.

· Mit einer Auswahl an Hüten, Helmen, Taschen, Stiefeln, Gürteln oder Stoffumhängen eröffnen sich viele Möglichkeiten für Rollenspiele.

· Bei „Verletzungen" an Teddys Pfote oder Kopf ist ein Stück Stoff der ideale Verband.

· Große Kartons werden zu Häusern oder Höhlen, in denen man sich verstecken kann, oder zu Autos. Aus kleineren Kartons werden Betten für Plüschtiere oder Puppen.

Ein Spielzeugarztkoffer bietet viele Möglichkeiten, Teddy gesund zu machen . . .

Kinderschminke

Wenige Zweijährige bleiben für eine umfangreiche Gesichtsbemalung lang genug sitzen, aber mit einigen einfachen Techniken können Sie dennoch ein tolles Fantasiegesicht zaubern. Hier ein paar nützliche Tipps für den Einstieg ins Kinderschminken:

· Prüfen Sie vorab, ob Ihre Hände und das Gesicht des Kindes sauber und trocken sind.

· Benutzen Sie Gesichtsfarben auf Wasserbasis und tragen Sie beide alte Kleidung.

· Make-up-Schwämmchen eignen sich gut zum Auftragen. Zeichnen Sie Details mit einem Pinsel.

· Lassen Sie auch das Kind probieren, sich zu schminken. Vielleicht am besten vor dem Baden . . .

Kleinkinder haben Spaß an der Verwandlung ihrer Gesichter mit Farben.

Wasserspaß

Auch wenn es sich komisch anhört: Kleinkinder sollten sich regelmäßig nass machen dürfen. Sich im und in der Nähe von Wasser sicher zu fühlen und sich seiner Gefahren bewusst zu sein ist wichtig für das Kind, doch Wasserspiele müssen nicht immer im Schwimmbad stattfinden. Auf diesen Seiten finden Sie einige einfache Ideen, mit denen Sie selbst ein zurückhaltendes Kind davon überzeugen können, dass Spiele mit Wasser Spaß machen.

Kaum einer mag vom Regen durchnässt werden, aber mit wasserdichter Kleidung und Stiefeln kann ein Spaziergang im Regen für das Kind ein tolles Erlebnis sein. Auf der linken Seite finden Sie einige Tipps für einen tollen Ausflug im Regen.

1. Sagen Sie dem Kind, dass Sie nach draußen in den Regen gehen. Kann das Kind seinen Regenmantel und die Stiefel holen?

2. Ziehen Sie sich beide Regenkleidung an und zeigen Sie dem Kind, wie es die Hose in die Stiefel steckt und die Jacke zumacht.

3. Wenn Sie Regenschirme mitnehmen, öffnen Sie diese draußen vor der Tür. So haben Sie immer noch eine freie Hand, um das Kind zu halten.

4. Halten Sie Ihre Gesichter in den Regen. Springen Sie mit dem Kind in Pfützen und beobachten Sie, wo das Wasser hinfließt.

5. Erklären Sie, dass Blumen, Bäume, Tiere und Menschen Regenwasser brauchen. Wenn Sie nach Hause kommen, ziehen Sie sofort die nassen Sachen aus und wärmen Sie sich auf.

Sicherheit

Beim Spiel mit Wasser muss das Kind die ganze Zeit beaufsichtigt werden.

Für kleine Kinder gibt es nichts Schöneres als in Pfützen zu springen.

Was lebt im Wasser?

Kleine Kinder sind fasziniert von Tieren, auch von solchen, die im Wasser leben. Ein eigener Teich bringt Gefahrensituationen mit sich, wenn man das Kind nicht die ganze Zeit beaufsichtigen kann. Gute Alternativen sind ein Besuch im Aquarium, in der Zoohandlung oder zum Teich des Stadtparks. Selbst einige Minuten in der Fischhandlung geben Ihnen die Gelegenheit dem Kind zu erzählen, dass es Tiere gibt, die im Wasser atmen können . . . aber Menschen dies nicht können.

Wassermuffel

Einige Kleinkinder mögen es nicht, wenn ihr Gesicht nass wird, was das Baden und Schwimmengehen zum Problem machen kann. Es kann helfen, wenn beim Baden möglichst viel herumgeplantscht wird. Ermuntern Sie das Kind, seine Badespielzeuge unterzutauchen, mit einem Schwamm zu waschen oder einfach mit etwas Wasser zu übergießen. Auf der rechten Seite finden Sie weitere Tipps, wie Sie dem Kind die Angst nehmen und sein Vertrauen in Wasser bestärken können.

Spielzeug waschen

Reihen Sie die wasserfesten Spielzeuge des Kindes bei warmem Wetter draußen für eine „Spielzeugwäsche" auf. Den meisten Kindern macht es Spaß, ihre Autos und Dreiräder mit einem Schwamm zu waschen und hinterher abzuspülen.

Genauso wie früher bereitet es vielen Kleinkindern auch jetzt Vergnügen, mit kleinen Spielzeugen im Waschbecken oder in einer Wasserschüssel zu spielen. Vielleicht erfinden sie jetzt Fantasiespiele mit Booten oder Enten, aber auch eine Auswahl an Plastikbehältern bietet noch immer viele Spielmöglichkeiten. Es kann nicht schaden, vorher einige Zeitungsblätter oder eine Plastikplane unterzulegen.

Kleinkinder können sich stundenlang mit dem Erkunden von Wasser beschäftigen.

• Halten Sie das Kind in den Armen und duschen Sie zusammen. Zeigen Sie ihm, wie Sie Ihre Augen schließen und Wasser über Ihr Gesicht laufen lassen.

• Auch mit Rasensprengern und Gartenschläuchen kann man draußen Spaß haben. Selbst ängstliche Kleinkinder können es meistens nicht lassen, sich dem Wasserstrahl zu nähern.

• Bewerfen Sie sich draußen gegenseitig mit Wasserballons. Das kann so viel Spaß machen, dass das Kind seine Angst vor dem Nasswerden vergisst.

Bälle und Bean Bags

Bälle sind vielseitige Spielzeuge und die meisten Kleinkinder spielen gern damit. Mit zwei Jahren schaffen sie es meist, nach einem großen weichen Ball zu treten und ihn zu fangen. Der Kauf mehrerer verschieden großer Bälle lohnt sich; so kann das Kind jeweils entscheiden, welcher Ball sich zum Treten, Fangen, Rollen und Werfen am besten eignet. Die Spiele auf diesen Seiten helfen dem Kind, Stärke, Koordinationsvermögen und körperliches Geschick zu entwickeln.

1. Stellen Sie sich dem Kind gegenüber und werfen, rollen oder spielen Sie ihm den Ball mit dem Fuß vorsichtig zu.

2. Jedes Mal, wenn Sie treffen, treten beide einen Schritt zurück.

3. Versuchen Sie höher und niedriger zu werfen und lassen Sie das Kind den Ball dann zu Ihnen zurückdribbeln.

4. Wenn sich das Kind den Ball schnappt und wegrennt, hat es wahrscheinlich genug. Das ist in Ordnung. Jagen Sie ihm einfach nach.

Nützlicher Tipp

Wenn das Spielparadies in Ihrer Nähe eine Ballecke hat, gehen Sie mit dem Kind hin. Dort kann es nach Herzenslust nach tausenden von Bällen treten, sie werfen, fangen und darin herumtoben.

Fußbälle sind für Kleinkinder zu hart und zu schwer, aber Schaumstoffbälle und aufblasbare Strandbälle sind gut geeignet. Sie sind leicht und einfach zu greifen.

Zielen und werfen

Kleinkinder können oft hart werfen, aber viele haben Probleme zu lernen, wie man richtig zielt und den Ball so zuwirft, dass er da landet, wo er hin soll. Probieren Sie, sich neben einen Papierkorb zu stellen und das Kind zu ermuntern, einen Ball hineinzuwerfen. Jedes Mal, wenn es getroffen hat, geht es einen Schritt zurück. Diese Aktivität erfordert Konzentration, also spielen Sie nur so lange, wie es dem Kind Spaß macht.

Kegeln

Zu zielen und einen Ball so zu rollen, dass es einen anderen
Gegenstand trifft, ist für ein kleines Kind gar nicht so einfach.
Aber es kann ihm mit einer einfachen Version des Kegelns
gelingen und Spaß machen. Beim Kinderkegeln legen Sie einen
Ball vor das Kind und zeigen ihm, wie es einen zweiten Ball
so rollt, dass beide zusammenstoßen. Probieren Sie das im
Flur und gehen Sie jedes Mal ein Stück weiter zurück.

*Für richtige „Kegel"
befüllen Sie Plastikflaschen
zur Hälfte mit Spielsand
und schrauben sie fest zu.*

Gymnastikbälle

Obwohl große, aufblasbare Gymnastikbälle für Erwachsene
gemacht sind, kann auch ein Kleinkind davon profitieren,
wenn Sie ihm zeigen, wie man es richtig macht. Lassen
Sie das Kind sich mit ausgebreiteten Armen und Beinen
bäuchlings auf den Ball legen. Versuchen Sie, den Ball ruhig
zu halten. Auf diese Weise streckt das Kind viele wichtige
Muskeln. Auf der rechten Seite finden Sie zwei weitere
Vorschläge für das Arbeiten mit dem Gymnastikball.

• Gymnastikbälle sind gut zum
Strecken des Rückens. Lassen Sie
das Kind sich auf den Ball legen,
halten Sie es an der Hüfte fest und
bitten Sie es, die Arme und Beine
hängen zu lassen.

• Sie können vorsichtig versuchen,
den Ball mit dem Kind obendrauf
vorwärts und rückwärts zu rollen.
Das kann auch Bauchweh lindern.

Bean Bags zum Selbermachen

Bean Bags sind bei Kleinkindern ein beliebtes Spielzeug,
besonders wenn sie aus Fell oder Stoffen mit Glitzer oder
Tieraufdrucken gemacht sind. Sie brauchen hierfür lediglich
ein rechteckiges Stück Stoff, Nadel und Faden und ein paar
getrocknete Bohnen.

*1. Schneiden Sie ein
30 cm langes und 15 cm
breites Stück Stoff zu.*

*2. Falten Sie den Stoff
in der Mitte und nähen
Sie die beiden offenen
Seiten zu.*

*3. Halten Sie den Beutel
mit der offenen Seite
nach oben und füllen
Sie ihn mit getrockneten
Bohnen.*

*4. Am Schluss nähen
Sie die letzte offene
Seite zusammen. Fertig
ist der Bean Bag.*

- Halten Sie sich beim Baden, Zähneputzen und Haarebürsten an feste Zeiten. Geben Sie dem Kind keine Wahlmöglichkeit – diese Dinge müssen sein.

- Wechseln Sie sich beim Haarebürsten und Zähneputzen mit dem Kind ab (erst sind Sie an der Reihe). So hat das Kind ein Gefühl von Kontrolle und lernt diese Dinge.

- Führen Sie kleine Spiele oder Routinen ein. Wenn Musikzahnbürsten die Sache einfacher machen, ist das in Ordnung. Summen Sie wie die Bürste und loben Sie das Kind für seine glänzenden Zähne.

- Viele Kleinkinder gehen jetzt aufs Töpfchen (tragen aber noch eine Windel). Das Poabputzen übernehmen Sie, aber Sie waschen sich beide hinterher die Hände.

Ich, ich, ich!

Viele Kleinkinder zeigen bereits eine ausgeprägte Willensstärke, Vorlieben und Abneigungen und zunehmende körperliche Kraft. Mit zweieinhalb Jahren erkennen sie sich auf Fotos und im Spiegel, scheinen die ganze Zeit zu reden und Fragen zu stellen. Es sind jetzt richtige kleine eigene Persönlichkeiten.

Natürlich wollen die meisten Kleinkinder viel lieber spielen als sich die Zähne zu putzen oder zu baden. Es kann schwierig sein, hier Willenskonflikten aus dem Weg zu gehen. Sagen Sie dem Kind, dass es seinen Körper pflegen muss, und zeigen Sie ihm, dass Sie diese Dinge auch regelmäßig tun. Weitere Tipps zum Thema finden Sie auf der linken Seite.

Hör mir zu

Kleine Kinder profitieren sehr davon, wenn ein vertrauter Erwachsener ihnen seine ungeteilte Aufmerksamkeit schenkt. Bauen Sie das in Ihre tägliche Routine ein, dann lassen sich vielleicht auch schwierige Situationen leichter bewältigen. Sprechen Sie, wenn Sie auf dem Sofa sitzen oder im Park spazieren gehen, mit dem Kind über Dinge, die es sieht und tut.

Kleinkinder finden wenige Dinge so spannend wie sich selbst.

Ich bin so groß . . .

Kleinkinder wissen, wie sie auf dem Bild aussehen, aber Bilder sind nicht in Lebensgröße. Sie können von Zeit zu Zeit messen, wie groß das Kind ist, und am Türrahmen oder auf einer Längentabelle eine Markierung machen, um ihm zu zeigen, wie es wächst. Auf der rechten Seite finden Sie eine andere Methode, wie Sie dem Kind zeigen können, wie groß es ist und wie sehr es gewachsen ist.

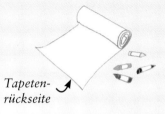

Tapeten-rückseite

1. Rollen Sie alte Tapete oder Kaschierpapier in ausreichender Länge auf dem Fußboden aus, sodass das Kind darauf liegen kann.

2. Bitten Sie das Kind, ganz still zu liegen, während Sie mit Wachsmalkreide oder Marker seine Konturen nachzeichnen.

Kleinkinder spielen mit Freunden gern „Wer ist der Größte?".

3. Schneiden Sie die Konturen aus und lassen Sie das Kind jeden Körperteil mit Wachsmalkreide bunt ausmalen.

Schau mal, wie ich gewachsen bin!

Diese Aktivität eignet sich prima für stille Stunden. Sie gibt dem Kleinkind Gelegenheit, über sich und wie es sich verändert und wächst nachzudenken und mit Ihnen darüber zu sprechen.

4. Befestigen Sie den Umriss mit Klebeband an der Wand und fordern Sie das Kind auf, sich danebenzustellen, um Größen zu vergleichen.

· Holen Sie ein paar neuere Fotos des Kindes. Erinnert es sich daran, wo die Bilder gemacht wurden? Geben Sie ihm Zeit zum Antworten. Sein gutes Gedächtnis mag Sie überraschen.

· Wenn Sie eine Schachtel mit Fotos haben, versuchen Sie, sie so zu sortieren, dass man sieht, wie das Kind größer wird. Sprechen Sie mit dem Kind darüber, wie es sich seit der Babyzeit verändert hat.

· Sie können Fotos auf dünne Pappe kleben und in ein Ringbuch heften. Wenn Sie ein paar Worte zu jedem Foto schreiben, ergibt das ein „Buch über mich".

Nützlicher Tipp

Laminierte Fotos sind kindersicherer. Viele Schreibwarenhändler haben Laminiergeräte.

• Schneiden Sie Tierbilder aus Zeitschriften in zwei oder drei Teile. Bitten Sie das Kind, die Tiere wieder zusammenzusetzen. Probieren Sie, Teile zusammenzulegen, die nicht passen, um neue Tiere zu erstellen.

• Ermuntern Sie das Kind beim Ansehen von Tierbildern dazu, die entsprechenden Tierlaute zu machen. Geben Sie einen falschen Laut von sich und brüllen Sie beispielsweise bei einem Frosch, wird das Kind Sie mit Vergnügen korrigieren.

• Zeichnen, skizzieren oder drucken Sie einige einfache Tierkonturen aus, damit das Kind den Tiernamen nennen und das Bild anschließend ausmalen kann.

Alles über Tiere

Auch wenn viele Kleinkinder noch keine lebenden Elefanten oder Giraffen gesehen haben, erkennen die meisten die Tiere in Büchern oder im Fernsehen gleich wieder. Tiere faszinieren kleine Kinder, und sie können sich offensichtlich mit Leichtigkeit alle möglichen Dinge über sie merken. Spiele und Aktivitäten zum Thema Tiere bieten reichlich Abwechslung.

Kinder wissen, dass Tiere erstaunlich unterschiedlich sind. Sie wissen, dass sie Punkte, Streifen, Zähne, Rüssel, Schwänze und Stoßzähne haben und dass sie bellen, brüllen, schnurren, krächzen oder zischen können. Mit den Aktivitäten auf der linken Seite fördern Sie diese Neugierde.

Tolle Spiele mit kleinen Sachen

Die Spielzeughersteller wissen, dass Kleinkinder Tiere lieben, aber Sie brauchen nicht Unmengen von großen Plüschtieren zu kaufen. Einige kleinere, realistisch gestaltete Tiere können ausreichende Inspiration für alle möglichen Fantasiespiele bieten. Oft sind Kleinkinder komplett vertieft in die Bedürfnisse ihrer Tiere, pflegen sie oder bilden Tierfamilien. Wenn Sie das Kind belohnen wollen, können Sie die Sammlung ergänzen. Machen Sie doch ein Spiel daraus: Lassen Sie das Kind, bevor Sie ihm das Tier geben, raten, welches Sie gekauft haben, indem Sie typische Tierlaute von sich geben . . .

Nützlicher Tipp

Viele Spielzeugläden verkaufen CDs mit Tierlauten. Sie ermuntern das Kind zuzuhören und sich zu konzentrieren, während es versucht, die Tiere zu identifizieren (was auch Spaß macht).

Viele Kleinkinder kommen in eine Sammelphase. Spielzeugtiere eignen sich gut dafür.

Was bin ich?

Kleinkinder sind zu jung für komplizierte Rollenspiele,
aber vielen macht es Spaß, so zu tun, als wären sie ein Tier.
Regen Sie das Kind dazu an, die Bewegungen und Laute des
gewählten Tieres zu machen. Es gibt viel Tierzubehör für
solche Spiele zu kaufen, aber Sie können auch selbst etwas
basteln. Auf der rechten Seite finden Sie einige Tipps.

- Tiermasken können einfache Ausschnitte aus Pappe oder lebensgetreue Nachbildungen sein. Sie bereichern das Fantasiespiel des Kindes, aber achten Sie darauf, dass sie gut sitzen.

- Pelz- oder Filzohren, auf Haarreifen genäht, und lange oder buschige Schwänze, an Kleidern befestigt, sind bei Kindern beliebt.

- Ein Tierkostüm zu kaufen kann teuer werden. Vielleicht können Sie von jemandem eines ausleihen? Oft reicht es auch, wenn Sie mit Gesichtsfarben einfache Punkte und Streifen aufmalen.

Einige Kleinkinder steigern sich so in ihre Tierrolle hinein, dass man sie kaum stoppen kann . . .

Faszinierende Tierwelt

Die beste Art, um das Interesse des Kleinkinds an Tieren
zu wecken, ist, sich mit ihm Tierbücher oder Tierfilme im
Fernsehen oder auf DVD anzusehen. Es kann gut sein, dass
dies eine Zeit lang seine Lieblingsbeschäftigung bleibt. In vielen
bekannten Kindergeschichten ist ein Tier die Hauptfigur. Je
besser das Kind die Welt versteht, desto mehr Geborgenheit
scheint ihm die freundliche Vorhersehbarkeit solcher
Geschichten, zum Beispiel über Hunde oder Pinguine, zu geben.

Wenn Sie sich in Abwesenheit Ihrer Freunde um deren Tiere kümmern, kann das Kind lernen, wie man Tiere versorgt.

Es empfiehlt sich einem Kind zu zeigen, wie man ein Tier
liebevoll streichelt und vorsichtig behandelt. Das bedeutet nicht,
dass Sie ein eigenes Tier kaufen sollen, aber Sie sollten dafür
sorgen, dass das Kind von Zeit zu Zeit ein lebendiges Tier sieht
und (sanft) streichelt. Ein Ausflug in den Streichelzoo ist für ein
kleines Kind ein tolles Erlebnis und im Tierpark auf richtige
Elefanten und Tiger zu treffen ist unglaublich spannend.

- Heben Sie einen Stein hoch, um zu sehen, was darunter lebt. Achten Sie darauf, dass das Kleinkind seinen Fund mit Vorsicht behandelt und hinterher wieder zurücklegt.

- Sehen Sie sich die Adern auf der Rückseite von Blättern an. Legen Sie ein Blatt Papier auf die geäderte Seite und lassen Sie das Kind mit Wachsmalkreide die Maserung durchpausen.

- Wenn Sie in Wohnungsnähe ein Spinnennetz entdecken, können Sie es mit ein wenig Mehl bestäuben, damit das Kind das Muster des Netzes besser sieht.

- Pflücken Sie im Frühling einen Ast mit Knospen dran und stellen Sie ihn in etwas Wasser. Nach einigen Tagen sollten neue Blätter zu sehen sein.

- Im Herbst können Sie nach glänzenden Kastanien suchen, die noch in ihren stacheligen Schalen stecken. Die zu finden ist für Kleinkinder immer spannend.

Was ist draußen los?

Draußen gibt es für kleine Kinder viele unterschiedliche Dinge zu sehen und zu erkunden. An der frischen Luft können sie sich freier bewegen, Krach machen und Neues entdecken. Auf diesen zwei Seiten finden Sie verschiedene Vorschläge, wie Sie einem neugierigen Kleinkind die erste Begegnung mit der Natur gestalten können.

Gehen Sie mit einem kleinen Kind ins Grüne, wird es auf alles, was es dort findet, mit großer Neugier reagieren. Sie können nach allen möglichen Dingen Ausschau halten wie sich kringelnde Würmer, Zapfen, Samen und Blumen. Sie können sein Interesse mit etwas Naturkunde für Anfänger anregen. Die Ideen auf der linken Seite erleichtern Ihnen den Einstieg in die Welt der Natur.

Mit dem Anschauen von Blumen, Blättern und Käfern ist ein Kleinkind eine Weile beschäftigt.

Tiere und Wetter

Nicht überall gibt es wild lebende Tiere zu sehen, aber Vögel kommen selbst in dicht besiedelten Städten vor. Durch Füttern können Sie ein Kleinkind mit Vögeln aus der Nachbarschaft vertraut machen. Haben Sie die Möglichkeit dazu, hängen Sie draußen ein Futterhäuschen auf. So sehen Sie, welche Vögel kommen und was sie am liebsten fressen.

Mit Zweieinhalb merken viele Kleinkinder, dass das Wetter wechselt. Sie haben Sie viele Male sagen hören, dass sie einen Regenmantel anziehen müssen, weil es regnet, oder einen Sonnenhut aufsetzen, weil die Sonne scheint (auch wenn sie dazu vielleicht nicht immer Lust haben . . .). Führen Sie doch eine bebilderte Wettertabelle für eine Woche, damit das Kind verstehen lernt, dass nicht jeder Tag gleich ist.

Gut eingepackt bekommt ein Kleinkind beim Spaziergang die Gelegenheit, das Wetter des Tages zu erleben und es nicht nur von drinnen zu sehen.

Es gibt auch Vogelfutter, das Sie draußen am Fenster aufhängen oder befestigen können.

1. Sie können auf Papier Sonnen, graue Regenwolken und weiße Quellwolken zeichnen, sie ausmalen und ausschneiden. (Sie können auch andere Wettersymbole wie Schnee nehmen.)

2. Schreiben Sie die Tage der Woche in eine einfache Tabelle. Helfen Sie dem Kind, zu bestimmen, welches Wettersymbol für den Tag aufgeklebt werden muss. (Für manche Tage braucht man vielleicht mehrere Symbole . . .)

3. Sprechen Sie mit dem Kind darüber, welche Kleidung und welche Aktivitäten zu diesem Tag passen. So lernt es zu verstehen, welchen Einfluss das Wetter auf seinen Tagesablauf hat.

Eierköpfe

Kleinkinder interessieren sich dafür wie Dinge wachsen, haben aber meist noch nicht die Geduld, darauf zu warten. Hier ein Vorschlag, der nicht so lange dauert. Sie brauchen dafür die saubere Schale eines hart gekochten Eis, Watte und ein paar Kressesamen:

1. Zeichnen Sie Augen, Mund und Nase auf die Eierschale. Passen Sie auf, dass die untere Hälfte nicht kaputtgeht.

2. Tränken Sie einen Wattebausch in Wasser und legen Sie ihn vorsichtig in den Schalenboden.

3. Streuen Sie einige Kressesamen hinein. Halten Sie die Watte feucht, bis die Samen keimen.

4. Nach einigen Tagen wächst das „Kressehaar". Schneiden Sie es mit der Schere ab und streuen Sie es auf ein Brot.

Was machen wir heute?

Sich lehrreiche und unterhaltsame Aktivitäten für ein Kleinkind auszudenken kann viel Spaß machen, aber Tag für Tag jedes seiner Bedürfnisse zu befriedigen ist nicht immer einfach. Auf dieser Scite finden Sie ein paar Tipps und Ideen, um Tage zu gestalten, an denen Sie nichts geplant haben, es erst 8 Uhr morgens ist und die Schlafenszeit noch eine Ewigkeit entfernt scheint . . .

Im Allgemeinen empfiehlt es sich, bei einem Kleinkind eine gewisse Tagesroutine einzuhalten. Forschungen haben ergeben, dass Kleinkinder fröhlicher sind und sich besser fühlen, wenn sie wissen, was passieren wird. Daher können Sie beide die Tage mehr genießen wenn diese ein wenig strukturiert sind. Auf der linken Seite finden Sie einige Vorschläge, wie Sie den Tag strukturieren können.

Neue Freunde

Es ist für Sie beide wichtig rauszugehen und andere Menschen zu treffen, daher wäre es nicht schlecht, sich einer Spielgruppe für Kleinkinder anzuschließen. Viele Zweieinhalbjährige haben noch Schwierigkeiten mit anderen Kindern zu spielen, aber ihre sozialen Fähigkeiten verbessern sich nur, wenn sie Gelegenheit zum Üben bekommen. In vielen Spielgruppen für Kleinkinder gibt es festgelegte Essens-, Aufräum- und Geschichtenerzähl- oder Singzeiten. Es ist gut, wenn ein Kleinkind sieht, dass auch anderswo Regeln gelten.

• Wenn Sie morgens etwas unternehmen, was viel Energie verbraucht, planen Sie eine ruhigere Aktivität für den Nachmittag ein. Schläft das Kind noch, berücksichtigen Sie das in Ihrer Planung.

• Mit dem Kind zu kuscheln und etwas Altersgerechtes im Fernsehen oder auf DVD anzusehen ist in Ordnung. Das gibt Ihnen beiden die Chance zu entspannen und Energie zu tanken.

• Der Tag wird durch die Mahlzeiten sowieso strukturiert. Versuchen Sie, sich möglichst an regelmäßige Essenszeiten zu halten, da müde, hungrige Kinder schwerer bei Laune zu halten sind.

Nützlicher Tipp

Auch wenn Tage zu Hause Ihnen vielleicht etwas langweilig vorkommen mögen, für ein Kind ist jeder Tag anders und steckt voller neuer Möglichkeiten.

In einer Spielgruppe hat das Kind die Gelegenheit, mit neuen Spielzeugen und anderen Kindern zu spielen.

Ich und du

Zweijährige sind noch immer sehr abhängig von ihrer Bezugsperson, und Ihr Kind hätte am liebsten Ihre volle Aufmerksamkeit. Das ist ganz natürlich – aber ermüdend und unrealistisch, da Sie noch andere Dinge zu erledigen haben. Versuchen Sie, die Aktivitäten, die Sie mit dem Kind unternehmen, zu variieren, sodass Sie manche Dinge gemeinsam machen und andere nebeneinander.

Lassen Sie das Kind Ihnen in der Küche „helfen" und Becher, Schüsseln und Löffel aus Plastik abwaschen.

Eine gewisse Routine ist gut, aber es macht nichts, wenn einige Tage anders verlaufen. Es ist kein Problem, wenn das Kind sein belegtes Brot einmal im Auto essen darf oder das Bad am Abend ausbleibt, weil Sie den ganzen Tag unterwegs waren. Solange Sie Änderungen im Tagesablauf entspannt begegnen, wird das Kind das wahrscheinlich auch tun, und oft hat man die lustigsten Erinnerungen an Erlebnisse, die ungeplant waren.

Nur wir zwei

In unserem stressigen Leben ist es oft schwierig, am Tag Zeit für all die Dinge zu finden, die man zu Hause, bei der Arbeit, für das Kind und auch noch für sich selbst tun muss. Die aktuelle Forschung zeigt, wie wichtig es ist, für Kinder etwas Zeit abzuzweigen. Das Staubsaugen kann warten: Die halbe Stunde, in der Sie mit dem Kind über die Ereignisse des Tages oder andere Dinge sprechen, die ihm wichtig sind, kann ihm viel mehr bedeuten, als Ihnen vielleicht klar ist.

Mit Ihnen spielen . . .

• Spielen Sie das „Spiegelspiel": Dabei steht das Kind Ihnen gegenüber und versucht alles nachzumachen, was Sie machen.

• Wenn Sie es nicht eilig haben, passen Sie sich beim Spazierengehen an das Tempo des Kindes an. Es wird ihm Spaß machen, Ihnen Dinge zu zeigen, die es interessieren.

• Setzen Sie sich mit einigen Lieblingsbüchern gemütlich hin, lesen Sie daraus vor und sprechen Sie gemeinsam darüber.

Neben Ihnen spielen . . .

• Lassen Sie das Kind seine eigenen Kleider oder Puppenkleider zusammenlegen, während Sie Ihre Wäsche sortieren.

• Wenn Sie draußen etwas zu tun haben, lassen Sie das Kind mit einer kleinen Gießkanne die Blumen gießen.

• Setzen Sie das Kind, während Sie kochen, mit ein paar Buntstiften und Papier an den Tisch.

Ein ruhiges Gespräch und eine Umarmung wirken auf ein Kleinkind immer beruhigend.

Meine kleine Welt

Kleinkinder denken, dass alle Menschen in ihrer Umgebung ausschließlich da sind, um ihre Bedürfnisse zu befriedigen. Das ist in diesem Entwicklungsstadium völlig normal und auch nicht ganz falsch; schließlich steht das Kind im Zentrum eines Netzwerks aus Familie und Freunden, die sich um es kümmern.

• Sorgen Sie dafür, dass das Kind soziale Kontakte hat. Besuchen Sie, wenn möglich, mit ihm regelmäßig Freunde und Verwandte und sprechen Sie später über den Besuch.

• Sehen Sie sich Fotos von Menschen an, die im Leben des Kindes eine wichtige Rolle spielen. Fragen Sie, ob es sie erkennt und wie sie heißen.

• Beziehen Sie andere Betreuer wie Kindergärtnerinnen und Tagesmütter in solche Gespräche ein. Was erlebt das Kind, wenn es bei ihnen ist?

• Kleben Sie einige Fotos auf Pappe und schreiben Sie die Namen der Personen darunter. Vielleicht möchte das Kind, dass Sie die Fototafel aufhängen?

Das Gefühlserleben des Kindes entwickelt sich; jetzt ist es wichtig, die Tatsache hervorzuheben, dass es Menschen in seinem Leben gibt, denen es besonders am Herzen liegt. Das gibt Geborgenheit und hilft ihm zu begreifen, wer es ist. Zwischen zwei und drei Jahren fangen Kinder an, die Bedürfnisse und Gefühle anderer stärker wahrzunehmen. Auf der linken Seite finden Sie Vorschläge für Aktivitäten, mit denen Sie das Selbstbewusstsein des Kindes und sein Gefühl für andere stärken können.

Spricht das Kind über die Personen, die in seinem Leben wichtig sind, trägt das zu seinem Gefühl der Geborgenheit bei.

Offen über Gefühle sprechen

Versuchen Sie mit Ihrem Kind offen über Gefühle zu sprechen. Wenn das Kind Ihnen zeigt, dass es traurig ist, kann es besser damit umgehen, wenn Sie sagen: „Ich sehe, dass du traurig bist." Das Kleinkind muss lernen, mit seinen Gefühlen umzugehen, aber es muss verstehen, dass es zum Beispiel falsch ist zu schlagen und zu treten, wenn es verärgert ist. Es gibt Regeln, die es befolgen muss, und die bestimmen Sie. Es ist gut, wenn Sie dem Kind auch Ihre Gefühle zeigen. Sagen Sie: „Jetzt hast du mich verärgert" und erklären Sie ihm warum. Kleinkinder müssen lernen, dass ihr Handeln Konsequenzen hat – sowohl positive als auch negative.

Kleinkinder empfinden viele unterschiedliche Gefühle und müssen lernen, wie man sie kontrolliert.

Was fühlst du?

Kleinkinder zeigen ihre Gefühle auf drei verschiedene Arten. Sie können darüber sprechen, sie durch ihr Verhalten und ihre Körpersprache oder durch ihr Spiel zeigen. Beobachten Sie das Kind genau, um mehr über seine Gefühle zu erfahren. Probieren Sie es mit einem Spiel, das sich darum dreht, wie sich Menschen und Spielzeuge in verschiedenen Situationen fühlen:

Verhalten und Körpersprache eines Kindes verraten eine Menge über seine Gefühle.

· Lassen Sie das Kind seine Puppen baden oder zu Bett bringen. Wenn eine Puppe „krank" ist, hat es die Gelegenheit, sie „wieder gesund zu machen".

· Veranstalten Sie ein Kaffeekränzchen für Puppen und Plüschtiere, und lassen Sie das Kind sie füttern. Es kann interessant sein zu beobachten, welche Spielzeuge das beste Essen bekommen.

· Brechen Sie nicht in Panik aus, wenn das Kind streng zu seinen Puppen ist oder sie bestraft. Es ist natürlich und auch besser, solche Gefühle im Spiel auszuleben und nicht in der Realität.

Starke Gefühle

Kleinkinder leben in einer Welt voller Gefühle und haben noch nicht gelernt, diese zu verstecken oder zu kontrollieren. Es ist sehr wahrscheinlich, dass ein Kind jeden Tag weint, lacht, schimpft, kreischt und zornig wird. Wenn es sich unverstanden fühlt oder seinen Willen nicht durchsetzen kann, tobt es vor Wut. Die meisten Erwachsenen finden es bisweilen schwierig, mit dem Verhalten von Kleinkindern umzugehen. Versuchen Sie, geduldig zu sein und Ruhe zu bewahren. Das Kind will Sie nicht ärgern oder verlegen machen, es braucht vor allem Ihre Liebe. Seine Ängste und Sorgen sind sehr real. Wenn Sie es schaffen, beißen Sie die Zähne zusammen, atmen Sie tief durch, zählen Sie bis zehn, lenken Sie das Kind ab oder ignorieren Sie es einfach, wenn es sich daneben benimmt.

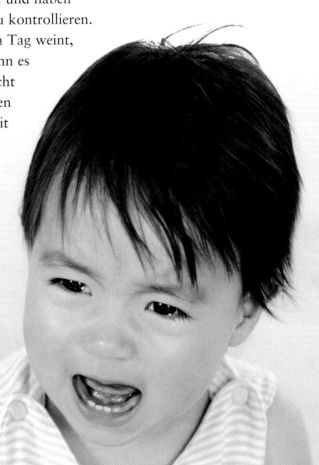

Jeder Tag ist für Kleinkinder eine emotionale Achterbahnfahrt, aber ihre schlechte Laune verfliegt schnell wieder.

- Packen Sie, bevor Sie losgehen, etwas zu trinken, zu essen, ein Buch und einige kleine Spielsachen in die Tasche.

- Holen Sie die Dinge einzeln aus der Tasche und zeigen Sie dabei Begeisterung.

- Sorgen Sie dafür, dass immer ein Malblock und ein paar Buntstifte in der Tasche sind.

- Wenn sonst nichts funktioniert, lassen Sie das Kind einfach den Tascheninhalt erforschen . . . aber passen Sie auf, was es sich in den Mund steckt.

Beschäftigungstipps

Auf diesen zwei Seiten finden Sie praktische Tipps, wie Sie ein Kleinkind in schwierigen Situationen unterhalten können, zum Beispiel auf einer langen Autofahrt, bei langen Sitzungen im Wartezimmer oder bei Besuchen im Café oder Restaurant, wo es unruhig und schwer zu beschäftigen sein kann.

Was ist in meiner Tasche? . . .

Lange Wartezeiten im Wartezimmer einer Arztpraxis frustrieren jeden und besonders Kleinkinder, die sich schnell langweilen. Hier kann eine Tasche für Ausflüge die Lösung sein. Auf der linken Seite finden Sie einige Ideen, was Sie mitnehmen können, doch egal, was es ist, denken Sie daran, den Inhalt regelmäßig auszutauschen, damit das Kind sich damit nicht langweilt.

In Arzt- und Zahnarztpraxen, Banken und anderen Büros gibt es oft einige Spielsachen für Kinder, die zu Besuch kommen. Falls Sie Ihre vergessen haben, fragen Sie danach.

Kleine Pappbücher und Spielzeuge zum Zusammenstecken eignen sich prima für die Ausflugstasche.

Essen gehen

Es kann Spaß machen, auch mal in ein Café oder Restaurant zu gehen. Kleinkinder erinnern sich an solche Besuche, aber sie können sich auch von ihrer schlechtesten Seite zeigen. Auf der rechten Seite finden Sie einige Tipps, um Stress zu vermeiden, aber Sie sollten versuchen, sich nicht zu sehr aufzuregen, wenn das Kind sich in der Öffentlichkeit schlecht benimmt. Die meisten Leute haben Verständnis – und Sie können nur Ihr Bestes tun.

Gelangweilte Kleinkinder benehmen sich eher daneben. Sorgen Sie für reichlich Beschäftigung.

- *Prüfen Sie, ob das Café kinderfreundlich ist. Gibt es dort Hochstühle und Kinderportionen? Essen andere Kinder dort?*

- *Fragen Sie vor der Bestellung, wie lange es dauert, bis das Essen kommt. Eine lange Wartezeit kann bei Kleinkindern zu Katastrophen führen.*

- *Packen Sie das Wichtigste in Ihre Ausflugstasche (z.B. ein Lieblingsbilderbuch, Malblock, Stifte, Ihren Schlüsselring).*

- *Wenn ein Kleinkind genug hat, nehmen Sie es aus dem Hochstuhl und lassen Sie es im Café herumlaufen. Ablenkung kann helfen.*

Auf dem Rücksitz

Eine Autofahrt mit einem Kleinkind kann wirklich Spaß machen. Vielleicht plappert es fröhlich vor sich hin und zeigt auf Bagger und Kühe, die es unterwegs sieht. Für längere Fahrten sollte man allerdings eine Strategie parat haben. Probieren Sie Folgendes:

- Halten Sie ca. einmal pro Stunde an, damit das Kind etwas Bewegung und frische Luft bekommt.

- Nehmen Sie eine Auswahl an Kassetten oder CDs mit Kinderreimen und Liedern zum Mitsingen mit.

- Geben Sie ihm eine kleinkindsichere, abwischbare Maltafel mit Stift.

- Wenn Sie kleine, gesunde Zwischenmahlzeiten und etwas zu trinken reichen, geht die Zeit schneller um.

Deponieren Sie ein interessantes Spielzeug im Auto wie ein Spiellenkrad oder ein Activity Center, damit sich das Kind auf etwas freuen kann.

Ideen für Regentage

Mit diesen Aktivitäten erlebt das Kleinkind etwas Neues, ohne dass Sie Geld ausgeben oder rausgehen müssen. Sie eignen sich wahrscheinlich am besten für regnerische Tage, wenn Sie Zeit, aber nicht so viel Energie haben.

Die Ideen auf der linken Seite drehen sich um Alltagsgegenstände, die zur Entwicklung der Sinne beitragen, da das Kind Dinge berührt und schmeckt. Es verbessert auch seine Ausdrucksfähigkeit, wenn es über das Erlebte spricht.

Seifenblasenspaß

Die meisten Kleinkinder lieben es herumzurennen und zu versuchen, Seifenblasen zu fangen und zerplatzen zu lassen. Man kann günstig fertige Seifenblasenlösung kaufen, aber wenn der Behälter leer ist, können Sie aus neun Teilen kaltem Wasser und einem Teil Geschirrspülmittel selbst eine Lösung herstellen. Einige Spielwarengeschäfte verkaufen auch Riesenbehälter. Das macht enorm viel Spaß (und gigantische Seifenblasen), ohne dass Sie ein Vermögen dafür ausgeben müssen.

1. Befüllen Sie, ohne dass das Kind es sieht, Plastikschüsseln mit einigen kindgerechten Speisen wie Cornflakes, Gummibärchen ohne Farbstoff und Fruchtstücken.

2. Halten Sie dem Kind die Augen zu und lassen Sie es jede Speise probieren und Ihnen erzählen, was es ist. (Achtung: Kleckern inbegriffen . . .)

3. Jetzt soll das Kind Ihre Augen zuhalten und Sie beobachten, wie Sie alle Speisen probieren und erraten. Wenn Sie absichtlich Fehler machen, wird es noch lustiger.

1. Legen Sie eine Auswahl an Spielzeugen und sicheren Alltagsgegenständen wie Siebe und Löffel in einen Stoffsack oder einen Kissenbezug.

2. Wählen Sie Gegenstände unterschiedlicher Struktur und Form aus. Kann das Kind durch den Stoff hindurch fühlen, was es in der Hand hat?

3. Hat das Kind richtig geraten? Das Rätsel wird gelöst, wenn es den Gegenstand aus der Hülle zieht.

Seifenblasen kann man drinnen wie draußen machen.

Nützliche Informationen

In diesem Teil des Buches finden Sie Informationen, die für Eltern und Betreuer gleichermaßen nützlich sind. Benutzen Sie sie als Einstieg, denn im Internet, in anderen Büchern, Zeitschriften und Broschüren gibt es jede Menge Informationen zu Babys und Kleinkindern, ihren Bedürfnissen und ihrer Entwicklung.

Was finde ich hier?

Erste Hilfe-Tipps bei gewöhnlichen Wehwehchen und kleineren Unfällen bei Kindern.

Tipps zur Versorgung von Kindern mit speziellen Bedürfnissen und wo man Hilfe bekommt.

Lieder und Mitmach-Reime, die bei Babys und Kleinkindern gut ankommen.

Informationen über die kindliche Entwicklung und worauf im jeweiligen Stadium zu achten ist.

Nützliche Internet Quelle: liliput-lounge.de, www.gobokinder.de

Besondere Bedürfnisse

In diesem Buch können wir nicht näher darauf eingehen, wie man mit Babys und Kleinkindern mit besonderen Bedürfnissen spielt, aber viele der aufgeführten Aktivitäten eignen sich für alle Kinder. Im Folgenden finden Sie einige allgemeine Ratschläge für unterhaltsame und lehrreiche Aktivitäten für Kinder mit besonderen Bedürfnissen.

Ich gehöre dazu

Heutzutage sind die meisten Experten der Ansicht, dass Eltern und andere Betreuer Kindern mit besonderen Bedürfnissen reichlich Gelegenheit geben sollten, mit anderen Kindern zusammen Dinge auszuprobieren; davon können alle profitieren. Dieser positive Ansatz, der sich darauf konzentriert, dass alle Kinder die gleichen Erfahrungen machen, wird als Inklusion bezeichnet. Natürlich sollte man einem Kind mit besonderen Bedürfnissen, wenn es während eines Spiels frustriert oder traurig wird, helfen oder das Spiel ein anderes Mal fortsetzen, genauso wie man es bei jedem anderen Kind tun würde.

Wichtig ist, dass jede Aktivität sorgfältig geplant wird. Kommt das Kind vom Rollstuhl aus leicht an die Spielzeuge heran? Sieht ein Kind nicht gut, wählen Sie zum Beispiel lieber eine Aktivität, bei der der Tastsinn und der Geruchssinn angesprochen werden.

Einige Dinge, die Sie berücksichtigen sollten, damit ein Kind mit besonderen Bedürfnissen sich an Spielaktivitäten beteiligen kann.

- Oft haben schon kleine Änderungen eine große Wirkung. Legen Sie Spielzeuge auf eine rutschfeste Matte, dann fallen sie nicht so leicht herunter oder rollen außer Reichweite eines Kindes mit eingeschränkter Mobilität.

- Versuchen Sie, die Dinge aus dem Blickwinkel des Kindes zu betrachten. Allein in der Ecke eines Raumes fühlt man sich einsam. Lassen Sie Rollstuhlfahrer so oft es geht in die Mitte.

- Denken Sie daran, dass alle Babys und Kleinkinder verschiedene Dinge zum Ansehen, Spielen und Bauen brauchen. Einige Kinder können Ihnen nicht durch Wegkrabbeln oder Wählen eines anderen Spielzeugs zeigen, dass sie sich langweilen.

- Sie müssen keine Unsummen für speziell angepasste Spielzeuge ausgeben. Mit den meisten Spielzeugen kann jedes Kind auf seine Art etwas anfangen. Entscheidend ist, dass Abwechslung geboten wird und die Bedürfnisse verstanden werden.

Woran Sie denken sollten . . .

Unterschiedliche Kinder haben unterschiedliche Bedürfnisse, aber es gibt einige Dinge, die Sie bei Spielmöglichkeiten für Kinder mit spezifischen Behinderungen beachten sollten:

Kinder mit Down Syndrom

Kinder mit Down Syndrom sind oft sehr gesellig und spielen gern mit anderen Kindern, aber Sie müssen auf eventuelle Hör- oder Sehschwierigkeiten achten. Es kann sein, dass ihre Entwicklung verlangsamt ist, daher lassen Sie sie mit Spielzeugen ihrer Wahl spielen und ihren eigenen Takt finden.

Kinder mit Lernschwierigkeiten

Es gibt die unterschiedlichsten Arten von Lernschwierigkeiten und jede fordert eine eigene Herangehensweise. Doch Geduld, Aufmunterung und Konsequenz gelten für alle. Machen Sie klar, was Sie vom Kind erwarten, und bieten Sie ihm abwechslungsreiche, interessante Spielmöglichkeiten an.

Kinder mit Hörschwierigkeiten

Für Kinder, die nicht so gut hören, kann eine lebhafte, laute Kleinkinderspielgruppe zu stressig sein. Achten Sie darauf, dass sie sich nicht isoliert fühlen. Sie haben besonders viel

Es ist wichtig, dass Kleinkinder lernen, auf die Bedürfnisse anderer Kinder Rücksicht zu nehmen, egal welche das sind.

Spaß mit Spielzeugen die leuchten, summen oder vibrieren, und an unterschiedlichen Strukturen und Gerüchen.

Kinder mit Sehschwierigkeiten

Diese Kinder brauchen vielleicht ein wenig Hilfe, wenn sie sich zu einer anderen Spielstelle bewegen. Bieten Sie ihnen Spielzeuge an, die sie durch Berühren und Hören erkunden können. Spielsachen mit unterschiedlichen Formen, Strukturen und Geräuschen sind ideal, ebenso kräftige, helle Farben und deutliche Muster.

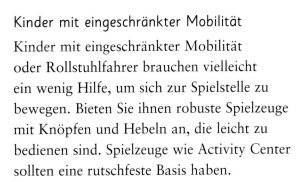

Gehhilfen wie Rollatoren gibt es selbst für ganz kleine Kinder.

Kinder mit eingeschränkter Mobilität

Kinder mit eingeschränkter Mobilität oder Rollstuhlfahrer brauchen vielleicht ein wenig Hilfe, um sich zur Spielstelle zu bewegen. Bieten Sie ihnen robuste Spielzeuge mit Knöpfen und Hebeln an, die leicht zu bedienen sind. Spielzeuge wie Activity Center sollten eine rutschfeste Basis haben.

Autistische Kinder

Autistische Kinder haben nicht so gern viel Lärm und Aktivität um sich herum und mögen keine plötzlichen Veränderungen in der Routine. Spielzeuge und Aktivitäten, die ihnen Gelegenheit geben, Dinge allein zu erforschen, und eine ruhige, ordentliche Spielecke sind wichtig.

Wo tut es weh?

Kleinkinder sind unglaublich aktiv und ziemlich furchtlos, daher ist es wahrscheinlich, dass sie sich bisweilen Blessuren holen und unwohl fühlen. Im Folgenden finden Sie Tipps für die Behandlung kleiner Wehwehchen und normaler Kinderkrankheiten.

Kleine Schnitte und Schrammen Kleinkinder holen sich besonders oft Schnitte und Schrammen. Ist die Wunde auf dem Kopf oder hört sie nicht auf zu bluten, brauchen Sie sofort ärztliche Hilfe.

1. Trösten Sie das Kind, waschen Sie sich die Hände und setzen Sie es bequem hin.

2. Ist Schmutz in der Wunde, waschen Sie sie vorsichtig unter fließendem Wasser aus und wischen Sie sie mit einem alkoholfreien, feuchten Tuch ab. Ist die Wunde trocken, decken Sie sie mit einer sterilen Mullbinde ab.

3. Heben Sie den verwundeten Bereich, wenn möglich, leicht an und säubern Sie den Bereich darum herum. Blutet die Wunde noch, drücken Sie fest dagegen.

4. Entfernen Sie die Mullbinde und decken Sie die Wunde mit einem Verband oder Pflaster großflächig ab.

Bunte Pflaster können ein Kleinkind trösten, aber manche Kinder reagieren allergisch auf Pflaster und brauchen einen Verband.

Verbrennungen und Verbrühungen

Denken Sie daran, dass Babys und Kleinkinder eine sehr empfindliche Haut haben. Sie können sich selbst an Heizungen und heißen Rohren verbrennen.

1. Entfernen Sie das Kind von der Ursache für die Verbrennung. Halten Sie den verbrannten Bereich mindestens 10 Minuten unter fließendes, kaltes Wasser.

2. Entfernen Sie Kleider im Umkreis der verbrannten Stellen. Wenn nötig, schneiden Sie sie weg, aber versuchen Sie nicht, Stoff zu entfernen, der an der verbrannten oder verbrühten Stelle festgeklebt ist.

3. Ist der Bereich abgekühlt, decken Sie ihn mit einem sterilen Verband (falls nötig mit einer Plastikfolie oder sauberen Plastiktüte) oder einer sauberen, fusselfreien Kompresse ab. Rufen Sie den Notarzt oder bringen Sie das Kind ins Krankenhaus.

Beulen und blaue Flecken

Leider fallen Kleinkinder, wenn sie spielen, leicht hin und stoßen sich. Meist reicht es, wenn Sie das Kind in die Arme nehmen und für fünf Minuten eine kalte, feuchte Kompresse auflegen. Hat sich das Kind den Kopf gestoßen, müssen Sie es in den nächsten 24 Stunden sorgfältig beobachten. Wird es sehr schläfrig, übergibt es sich oder sagt es, dass es nicht richtig sehen kann, dann bringen Sie es sofort ins Krankenhaus, da es eine Gehirnerschütterung haben kann.

Hautausschläge

Babys und Kleinkinder haben oft Windelausschlag, Hitzeausschlag oder Ekzeme (wogegen der Arzt eine Creme verschreiben kann). Scheint es dem Baby oder Kleinkind sehr schlecht zu gehen und hat es violette Punkte, die nicht blasser werden, wenn Sie vorsichtig ein Glas darauf drücken, bringen Sie das Kind sofort ins Krankenhaus. Dies können Zeichen einer Hirnhautentzündung sein.

Erstickungsanfälle

Wenn ein Baby oder Kleinkind würgt, weil etwas in seiner Kehle steckt, kann es nicht richtig atmen und aufgrund des Sauerstoffmangels blau anlaufen. Reagieren Sie schnell, bleiben Sie ruhig und befolgen Sie die folgenden Schritte.

Babys unter einem Jahr

1. Legen Sie das Baby mit dem Gesicht nach unten über Ihren Schoß oder Ihren Unterarm. Achten Sie darauf, dass der Kopf niedriger ist als der Körper.

2. Geben Sie ihm bis zu fünf kräftige Schläge mit der Handwurzel. Kontrollieren Sie nach jedem Schlag den Mund.

3. Würgt das Baby immer noch, platzieren Sie zwei Finger mit einem Fingerbreit Abstand dazwischen unterhalb der Brustwarzenlinie und drücken Sie bis zu fünfmal auf das Brustbein.

4. Kontrollieren Sie den Mund nach jedem Stoß. Sind die Atemwege immer noch nicht frei, rufen Sie den Arzt.

Babys und Kleinkinder über einem Jahr

1. Stellen oder knien Sie sich hinter das Kind und legen Sie beide Arme um den Oberkörper.

2. Platzieren Sie eine Faust zwischen Bauchnabel und dem unteren Ende des Brustbeins zwischen den Rippen und halten Sie die geballte Faust mit der anderen Hand fest.

3. Ziehen Sie die Faust bis zu fünfmal hoch und einwärts, aber wenden Sie nicht zu viel Kraft an.

4. Kontrollieren Sie den Mund nach jedem Stoß. Sind die Atemwege immer noch nicht frei, rufen Sie einen Krankenwagen. Lassen Sie das Kind nach Stößen in der Magengegend immer von einem Arzt untersuchen.

Gegenstände im Körper

Es kommt vor, dass sich Babys und Kleinkinder kleine Gegenstände in Ohren, Nase oder Po stecken, wo sie stecken bleiben können. Bekommen Sie den Gegenstand nicht heraus, bringen Sie das Kind ins Krankenhaus, um ihn sicher entfernen zu lassen.

Sonnenbrand

Kleine Kinder holen sich schnell einen Sonnenbrand und sollten idealerweise immer im Schatten bleiben. Cremen Sie das Kind unbedingt mit einem Sonnenschutzmittel mit hohem Lichtschutzfaktor ein und setzen Sie ihm einen Sonnenhut auf. Ist die Haut rot, und irritiert befolgen Sie folgende Schritte.

1. Kühlen Sie die Haut mit einem Schwamm und kaltem Wasser oder baden Sie die irritierte Partie 10 Minuten in kaltem Wasser.

2. Tragen Sie vorsichtig After-Sun-Lotion oder Zinkoxidlotion auf.

3. Geben Sie dem Kind etwas Kaltes zu trinken und ziehen Sie ihm die heißen Kleider aus.

4. Sind Bläschen auf der Haut zu sehen, gehen Sie mit dem Kind zum Arzt.

Ideal ist ein Sonnenhut, der den Nacken und das gesamte Gesicht des Kindes beschattet.

Fieber

Hat ein Baby oder Kleinkind erhöhte Temperatur, fühlt es sich heiß und klamm an, ist ihm wahrscheinlich elend und es hat glasige Augen.

1. Messen Sie beim Kind mit einem Thermometer die Temperatur. Die normale Körpertemperatur liegt bei 36–37,5 °C.

2. Hat das Kind erhöhte Körpertemperatur, können Sie ihm für Kinder geeignetes Paracetamol geben. Ziehen Sie ihm leichte Kleidung an und legen Sie es irgendwo hin, wo es kühl ist. Sorgen Sie dafür, dass es ausreichend kalte Getränke bekommt.

3. Oft wirkt es lindernd, den Körper mit einem in warmes Wasser getauchten und ausgewrungenen Waschlappen abzuwaschen. Wenn Sie sich Sorgen machen, gehen Sie mit dem Kind zu Arzt.

Lieder und Reime

Auf diesen Seiten finden Sie einige altbekannte Lieder und Reime, die
Babys und Kleinkindern Spaß machen. Es ist besser, mit den etwas
wilderen Mitmach-Reimen zu warten, bis das Baby seinen Kopf von
alleine hochhalten kann, denn zu viel Hüpfen kann schädlich sein.

Kinderreime

Die meisten Babys und Kleinkinder lieben es, wenn man ihnen
traditionelle Kinderlieder und Reime vorträgt. Sie werden ein Teil
der Kindheit, etwas, woran sie sich gern erinnern, so wie es bei Ihnen
wahrscheinlich auch der Fall ist.

Die Gäns'

Gretel Pastetel,
was machen die Gäns?
Sie sitzen im Wasser
und waschen die Schwänz.
Gack, gack, gack, gack, gi, ga, gack.

Grüß Gott, grüß Gott, was wünschen Sie?

Grüß Gott, grüß Gott, was wünschen Sie?
Zucker und Kaffee!
Da haben Sie's, da haben Sie's.
Ade, ade, ade!
So warten S' doch, so warten S' doch,
Sie kriegen noch was raus!
Behalten Sie's, behalten Sie's!
Wir müssen jetzt nach Haus.

Himpelchen und Pimpelchen

Himpelchen und Pimpelchen
stiegen auf einen Berg.
Himpelchen war ein Heinzelmann
und Pimpelchen ein Zwerg.
Sie blieben lange da oben sitzen
und wackelten mit den Zipfelmützen.
Doch nach fünfundzwanzig Wochen
sind sie in den Berg gekrochen,
Schnarchen da in guter Ruh.
Seid mal still und hört ihnen zu!

Das ist der Daumen

Das ist der Daumen,
der schüttelt die Pflaumen,
der hebt sie auf,
der trägt sie nach Haus,
und der Kleine isst sie alle auf!

Eine kleine Dickmadam

Eine kleine Dickmadam
fuhr mal mit der Eisenbahn.
Eisenbahn, die krachte,
Dickmadam, die lachte,
lachte, bis der Schutzmann kam,
und sie mit zur Wache nahm.

Kommt ein Mäuschen

Kommt ein Mäuschen,
klopft ans Häuschen.
Macht klingelingeling,
poch poch poch.
Guten Tag Herr Nasemann.

Auf der grünen Wiese

Auf der grünen Wiese
da sitzt die kleine Liese
es fängt zu regnen an, oh Graus,
da läuft die Kleine schnell ins Haus.

Zählreime

Solche Reime machen Spaß und sind eine einfache Methode,
um Babys und Kleinkinder mit Zahlen vertraut zu machen.
Auf die gleiche Weise, wie es Wörter durch Wiederholen lernt,
lernt es auch Zahlen.

1, 2, 3, 4, 5, 6, 7 . . .

1, 2, 3, 4, 5, 6, 7 . . .

eine alte Frau kocht Rüben,
eine alte Frau kocht Speck –
und du bist weg!

Schlaflieder

Babys auf der ganzen Welt, werden mit Schlafliedern in den
Schlaf gesungen. Diese drei sind ideal, wenn es Zeit ist, schlafen
zu gehen, und mit der Zeit bringen die meisten Babys das Hören
eines Schlafliedes mit dem Einschlafen in Verbindung.

Guten Abend, gute Nacht

Guten Abend, gute Nacht,
mit Rosen bedacht,
mit Näglein besteckt,
schlüpf unter die Deck.
Morgen früh, wenn Gott will,
wirst du wieder geweckt,
morgen früh, wenn Gott will,
wirst du wieder geweckt.

Funkle, funkle, kleiner Stern

Funkle, funkle, kleiner Stern,
wer du bist wüßt' ich so gern.
Ganz hoch über dieser Welt,
wie ein Diamant am Himmelszelt.
Funkle, funkle, kleiner Stern,
wer du bist wüßt' ich so gern.

Schlaf, Kindlein, schlaf!

Schlaf, Kindlein, schlaf!
Der Vater hüt die Schaf,
die Mutter schüttelts Bäumelein,
da fällt herab ein Träumelein.
Schlaf, Kindlein, schlaf!

Schlaf, Kindlein, schlaf!
Am Himmel ziehn die Schaf,
die Sternlein sind die Lämmerlein,
der Mond, der ist das Schäferlein.
Schlaf, Kindlein, schlaf!

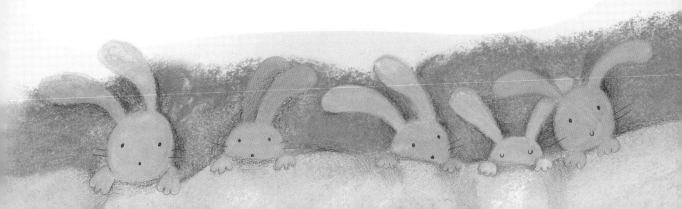

Mitmach-Reime

Babys werden an den Mitmach-Reimen auf dieser
Seite Freude haben, während Kleinkinder gern bei den
Reimen auf der gegenüberliegenden Seite mitmachen.

Fünf kleine Zappelfinger

(Halten Sie die Finger oder Zehen des Babys in
der Hand und bewegen Sie sie einzeln vorsichtig
vor und zurück. Sprechen Sie dazu folgenden Vers:)

Fünf kleine Zappelfinger
zappeln hin und her,
fünf kleinen Zappelfingern
fällt das gar nicht schwer.
Fünf kleine Zappelfinger
zappeln auf und nieder,
fünf kleine Zappelfinger
zappeln immer wieder.

Da hast 'n Taler,

Da hast 'n Taler,
gehst auf den Markt,
kaufst dir 'ne Kuh,
ein Kälbchen dazu.
Kälbchen hat ein Schwänzchen,
macht dideldideldänzchen.

(In die offene Handfläche des Kindes patschen
und zuletzt die Handfläche kitzeln.)

Hoppe, hoppe Reiter

(Setzen Sie sich auf einen bequemen Stuhl und stellen
Sie die Beine nebeneinander. Nehmen Sie Ihr Baby
auf den Schoß und halten Sie es unter den Armen
fest. Bewegen Sie Ihre Beine im Takt auf und ab
und singen Sie im Rhythmus:)

Hoppe, hoppe Reiter,
wenn er fällt dann schreit er,
fällt er in den Graben,
dann fressen ihn die Raben,
fällt er in die Hecken,
lachen alle Schnecken,
fällt er in den Sumpf,
macht der Reiter - PLUMPS!

(Bei dem Wort „Plumps" halten Sie Ihr Kind fest
und lassen es ruckartig etwas nach hinten fallen.)

Kopf, Schultern, Knie und Zehen

(Kopf, Schultern, Knie und Zehen jedes Mal berühren,
wenn diese genannt werden. Bei der zweiten Strophe
nicht „Kopf" singen oder sagen. Bei der dritten Strophe
nicht „Kopf" oder „Schultern" sagen usw., bis nur noch
die Körperteile berührt werden.

Kopf, Schultern, Knie und Zehen, Knie und Zehen.
Kopf, Schultern, Knie und Zehen, Knie und Zehen,
Augen und Ohren und Mund und Nase.
Kopf, Schultern, Knie und Zehen, Knie und Zehen.

Wenn du fröhlich bist, dann klatsche in die Hand.

(Bei der ersten Strophe jeweils nach der ersten,
zweiten und fünften Zeile zweimal in die Hände klatschen.)

Wenn du fröhlich bist, dann klatsche in die Hand,
wenn du fröhlich bist, dann klatsche in die Hand,
wenn du fröhlich bist, dann klatsche,
wenn du fröhlich bist, dann klatsche,
wenn du fröhlich bist, dann klatsche in die Hand.

(Bei der zweiten Strophe jeweils nach der ersten,
zweiten und fünften Zeile mit den Füßen stampfen.

Wenn du fröhlich bist, dann stampfe mit dem Fuß,
wenn du fröhlich bist, dann stampfe mit dem Fuß,
wenn du fröhlich bist, dann stampfe,
wenn du fröhlich bist, dann stampfe,
wenn du fröhlich bist, dann stampfe mit dem Fuß.

(Bei der letzten Strophe jeweils nach der ersten,
zweiten und fünften Zeile „Hurra" rufen.)

Wenn du fröhlich bist, dann rufe laut „Hurra",
wenn du fröhlich bist, dann rufe laut „Hurra",
wenn du fröhlich bist, dann rufe,
wenn du fröhlich bist, dann rufe,
wenn du fröhlich bist, dann rufe laut „Hurra".

(Zu diesem Lied gibt es viele Varianten wie Finger
schnipsen, auf die Knie schlagen, auf und ab hüpfen
oder auch selbst ausgedachte.)

Es tanzt ein Bi-Ba-Butzemann

Es tanzt ein Bi-Ba-Butzemann
in unserm Haus herum, widebum.
Es tanzt ein Bi-Ba-Butzemann
in unserm Haus herum.
Er rüttelt sich, er schüttelt sich,
er wirft sein Säcklein hinter sich.
Es tanzt ein Bi-Ba-Butzemann
in unserm Haus herum.

(Dazu werden die entsprechenden
Bewegungen gemacht: Man geht im Kreis
herum, hält die Hände mit den Fingerspitzen
zueinander über den Kopf wie eine Mütze,
rüttelt und schüttelt sich und tut so, als
würde man sich einen Sack auf den Rücken
werfen. Und es geht wieder von vorn los.

Mehr Hilfe

Sich um ein Baby oder Kleinkind zu kümmern kann manchmal extrem anstrengend sein. Gut zu wissen, dass es Hilfe und Unterstützung gibt, sei es durch eine Baby- oder Kleinkindgruppe, lokale Organisationen oder das Internet.

Baby- & Kleinkindgruppen

Menschen zu treffen, die in der gleichen Situation sind, ist eine gute Sache, und Baby- und Kleinkindgruppen sind der ideale Ort dafür. Hier haben Babys die Gelegenheit mit neuen Spielzeugen zu spielen, verschiedene Sachen zu sehen und Kontakt zu anderen Kindern zu haben – und Sie lernen vielleicht Menschen kennen, denen das Thema Baby genauso am Herzen liegt wie Ihnen. In einigen Gruppen wird viel gesungen, andere setzen auf Gymnastik und Bewegung, wieder andere stellen einfach Spielzeuge zur Verfügung. Suchen Sie eine Gruppe, die Ihre und die Bedürfnisse des Kindes erfüllt.

Eine Gruppe finden

In Arztpraxen und Bibliotheken wird man Ihnen Informationen über Kindergruppen geben können. Ein Anruf an den örtlichen Gemeinderat ist eine gute Methode, um herauszufinden, welche Angebote für Babys und Kleinkinder es in Ihrer Gegend gibt.

liliput-lounge.de

Das Internet ist eine gute Informationsquelle und bietet außerdem die Möglichkeit, andere Eltern kennen zu lernen. Der Verlag Sandvik, das Mutterunternehmen von GoBo Kinderbücher, steckt auch hinter www.liliput-lounge.de.

liliput-lounge.de ist eine Internetseite für alle, die schwanger werden möchten, schwanger sind oder kleine Kinder haben. Hier finden Sie nicht nur schnell Antworten auf alle Fragen, die in dieser spannenden Zeit aufkommen, sondern auch immer neue, aktuelle und korrekte Informationen.

Auf liliput-lounge.de können Sie auch selbst Fragen stellen. Sie erhalten Antworten von Ärzten, Hebammen und Krankenschwestern, und können in unserem Diskussionsforum Erfahrungen mit anderen in derselben Situation austauschen.

Wie geht es weiter?

Wenn Sie an die Zeit zurückdenken, als das Kind ein neugeborenes Baby war, werden Sie feststellen, welchen weiten Weg Sie beide in den letzten zweieinhalb Jahren gemeinsam gegangen sind. Jede Phase in der Entwicklung eines Kindes bringt ihre besonderen Freuden und Herausforderungen mit sich und Sie können sicher sein, dass das in den kommenden Jahren so bleiben wird!

Mit fast drei Jahren entwickeln Kinder oft Freude am Spielen mit anderen. Sie fangen an, Freundschaften mit Kindern zu schließen.

Entwicklungen im Detail

Auf den folgenden vier Seiten erfahren Sie mehr darüber, wie sich Babys entwickeln und was sie in welchem Alter voraussichtlich können. Denken Sie aber daran, dass das nur Richtwerte sind und machen Sie sich keine Sorgen, wenn Ihr Kind etwas früher oder später tut als hier vorgeschlagen. Babys und Kinderexperten betonen, dass jedes Kind anders ist, sich in seinem eigenen Takt entwickelt und eigene Vorlieben und Abneigungen hat, genauso wie Erwachsene. Wenige Kinder entwickeln sich genau so wie hier skizziert.

Worauf Sie achten müssen

Die Informationen auf den folgenden Seiten decken die Entwicklung von Babys und Kleinkindern von der Geburt bis zum Alter von zweieinhalb Jahren ab, und zwar in diesen vier Bereichen:

Körperliche Entwicklung
Hier geht es darum, welche körperlichen Fähigkeiten Babys und Kleinkinder haben.

Hand-Augen-Koordination
Beschreibt, was sie mit den Händen und Fingern tun können.

Sprachentwicklung
Hier geht es darum, was sie hören, sagen und verstehen.

Emotionale und soziale Entwicklung
Behandelt das Verhältnis zu Bezugspersonen und anderen Kindern.

0–1 Monate (ab Geburt)

Körperliche Entwicklung: Kann in Rücken- oder Bauchlage leicht den Kopf zur Seite drehen, besonders in die Richtung von sanftem Licht. Macht reflexartig Tretbewegungen, wenn man ihm unter die Arme greift. Sucht nach der Brust. Der Kopf hängt schwer herunter.

Hand-Augen-Koordination: Greift reflexartig mit den Fingern nach einem Finger. Hände sind meist zur Faust geballt. Eingeschränkte Sicht – kann nur Dinge in ca. 25 cm Entfernung sehen.

Sprachentwicklung: Schreit, wenn es Aufmerksamkeit will, und kann bei unterschiedlichen Bedürfnissen bereits unterschiedliche Schreilaute haben. Erschrickt bei lauten Geräuschen – spreizt Arme und Beine (Moro-Reflex).

Emotionale und soziale Entwicklung: Lässt sich von sanften Stimmen und wiegenden Bewegungen beruhigen. Reagiert vielleicht schon auf lächelnde Gesichter und wird still, wenn es das Gesicht der Mutter erkennt.

2–3 Monate

Körperliche Entwicklung: Kann sich leichter von einer Seite zur anderen drehen und in Bauchlage den Kopf anheben. Schlägt, wenn es aufgeregt ist, heftig mit Armen und Beinen aus.

Hand-Augen-Koordination: Ist von seinen eigenen Fingern und Händen fasziniert, die jetzt geöffnet sind. Folgt einem Gegenstand mit den Augen und streckt sich und schlägt vielleicht danach, wenn sich seine Sicht verbessert. Kann eine Weile eine Rassel halten.

Sprachentwicklung: Macht verschiedene Glückslaute. Kichert und lacht vielleicht bei einem leisen „Buh!". Verstummt bei einem Geräusch im Hintergrund und wendet sich zur Geräuschquelle.

Emotionale und soziale Entwicklung: Reagiert auf vertraute Stimmen, besonders bei Gesang und Musik. Kann vertraute Geräusche erkennen wie laufendes Badewasser. Lächelt nahestehende Personen an. Zeigt seine Emotionen stärker durch Gesichtsausdrücke.

3–6 Monate

Körperliche Entwicklung: Hat Spaß am Rollen und rollt sich bald einmal komplett herum. Kann den Kopf hochhalten. Versucht den Kopf anzuheben, wenn es probiert zu sitzen, und stützt in Bauchlage den Körper auf den Armen auf. Drückt die Beine gegen das Kinderbett, den Boden oder Ihren Schoß, wenn es aufrecht steht. Kann mit Unterstützung aufrecht sitzen.

Hand-Augen-Koordination: Will hauptsächlich Dinge berühren und festhalten. Berührt und hält Brust oder Flasche beim Füttern. Kann die meisten Gegenstände sehen, die weiter weg sind. Hält Gegenstände fest und steckt sie meist in den Mund, um sie zu untersuchen.

Sprachentwicklung: Macht Geräusche, um Aufmerksamkeit zu erregen. Plappert kontinuierlicher mit Folgen von Ba- und Da-Lauten. Kann „Gespräche" führen und warten, bis der andere Laute von sich gibt.

Emotionale und soziale Entwicklung: Erkennt vertraute Gesichter und Situationen und reagiert darauf. Imitiert Gesichtsausdrücke besser.

6–9 Monate

Körperliche Entwicklung: Rollt sich mit Leichtigkeit vom Rücken auf den Bauch. Kann ohne Unterstützung aufrecht sitzen. Kann anfangen zu krabbeln, Treppen hochzuklettern und sich selbst an Möbeln in den Stand hochzuziehen.

Hand-Augen-Koordination: Kann Dinge aufheben und entwickelt mit etwa neun Monaten mit Daumen und Zeigefinger einen „Pinzettengriff". Kann kleinere, komplexere Gegenstände halten und damit spielen, wie Spielzeuge zum Zusammenstecken und Auseinandernehmen.

Sprachentwicklung: Benutzt mehr Konsonanten um Laute zu bilden wie „ma" und „pa", bildet auch längere Lautfolgen wie „nananana". Hört zu, wenn andere in seiner Nähe sprechen.

Emotionale und soziale Entwicklung: Verabschiedet sich mit „Winke-winke" und reagiert, wenn man seinen Namen sagt. Zeigt richtige Emotionen wie Zorn und kann aufgebracht sein, wenn Sie es sind. Macht aktiv bei Versteckspielen wie „Guck-Guck" mit. Beginnt, feste Nahrung zu sich zu nehmen.

9–12 Monate

Körperliche Entwicklung: Krabbelt schnell, flitzt durchs Zimmer oder hält sich mit den Händen an Möbeln fest. Kann mit Unterstützung eine kurze Zeit stehen und einige Schritte machen, wenn man es an der Hand hält. Interessiert sich mehr für Treppen und klettert besser hoch. Kann sich aus dem Stand hinsetzen.

Hand-Augen-Koordination: Mag Spiele, die ein Koordinationselement enthalten, zum Beispiel Geben- und Nehmen-Spiele wie „Backe, backe Kuchen". Beherrscht den Pinzettengriff. Schafft es, bei einfachen Formsortierspielzeugen Formen durch Schlitze zu stecken. Hat Freude an interaktiven Spielzeugen mit Knöpfen oder Schnüren, an denen man ziehen kann.

Sprachentwicklung: Sagt in diesen Monaten seine ersten Wörter, meist seine eigenen Bezeichnungen für vertraute Personen und Gegenstände. Benutzt eine differenziertere Intonation für seine Sprachlaute.

Emotionale und soziale Entwicklung: Sehr begierig, Dinge zu erforschen und zu untersuchen. Interessiert sich fürs Einfüllen und Ausgießen. Versteht einfache Phrasen wie „nein" und „Schluss jetzt!".

12–18 Monate

Körperliche Entwicklung: Beginnt zu laufen und wird sicherer auf den Beinen. Kann beim Laufen die Richtung wechseln und sich bücken, um Sachen aufzuheben. Krabbelt die Treppe hoch und kniet aufrecht. Kann mit Gegenständen werfen.

Hand-Augen-Koordination: Kann in jeder Hand einen Gegenstand halten und beide zusammenführen wie Bolzen und Spielzeughammer an einem Klopfkasten. Schiebt und zieht Spielzeuge. Beginnt allein zu essen. Kann mit Buntstift Markierungen auf dem Papier machen. Hat Spaß an Einlegepuzzles. Zeigt mit dem Zeigefinger auf Gegenstände.

Sprachentwicklung: Benutzt mehrere Wörter, kennt und versteht aber mehr. Hat Freude an Büchern, Liedern und Reimen und versucht, die Melodien mitzusingen. Lernt die ganze Zeit über neue Wörter.

Emotionale und soziale Entwicklung: Entwickelt zunehmend einen eigenen Willen mit ausgeprägten Vorlieben und Abneigungen. Ist stark fixiert auf die wichtigste Bezugsperson und macht sie gern nach. Ist oft unglücklich, wenn es von der Bezugsperson getrennt wird.

18–24 Monate

Körperliche Entwicklung: Kann rennen, auf Spielzeugfahrzeugen sitzen, über Sachen klettern, an der Hand die Treppe hochlaufen und ist allgemein sehr aktiv und entdeckungshungrig.

Hand-Augen-Koordination: Interessiert sich für Knöpfe, Reißverschlüsse und Schraubverschlüsse. Kann aus mehreren Klötzen einen Turm bauen und einfache Holzpuzzles legen. Findet zwei zusammenpassende Teile. Spielt gern mit Knete, Wasser und Bällen, kann diese aber noch nicht immer fangen. Hat Spaß an künstlerischen Aktivitäten wie Malen und Zeichnen; kann auf Papier kritzeln.

Sprachentwicklung: Der Wortschatz wird in diesen Monaten schnell größer. Hört gern Sprache, besonders in Einzelgesprächen und in Geschichten. Kann mit zwei Jahren wahrscheinlich Zwei-Wort-Sätze bilden wie „Milch alle".

Emotionale und soziale Entwicklung: Erkennt vertraute Gesichter auf Fotos und Figuren in Bilderbüchern. Nimmt andere Kinder wahr, spielt aber noch allein. Möchte vielleicht gern aufs Töpfchen gehen.

2–2 ½ Jahre

Körperliche Entwicklung: Kann eine Treppenstufe herunter- oder vom Boden hochspringen. Kann beim Laufen einen Gegenstand festhalten, zum Beispiel einen Ball. Kann Spielzeuge zum Schieben fortbewegen. Die Koordinationsfähigkeit und das Vertrauen in den eigenen Körper werden zunehmend besser.

Hand-Augen-Koordination: Etwa jetzt zeigt sich, ob das Kind Rechts- oder Linkshänder ist. Kann Pinsel und Malstifte besser halten, Kügelchen auf Schnüre fädeln und mit Kinderknete kneten. Hat Spaß daran, Spielzeuge zu sortieren oder Familien daraus zu bilden und spielt gern allein. Die Ballkontrolle wird schnell besser.

Sprachentwicklung: Spricht mehr Zwei- oder sogar Drei-Wort-Sätze. Kann Körperteile, vertraute Personen und Farben benennen. „Spricht" mit Spielzeugen und hört gern Geschichten zu. Ist sehr neugierig und stellt viele Fragen.

Emotionale und soziale Entwicklung: Beginnt mit Fantasiespielen und spielt einfache Rollen. Versteht zunehmend besser, was häusliche Rituale wie Hände waschen, am Tisch sitzen, mit Besteck essen und An- und Ausziehen sind. Fängt an, ein Bewusstsein für die Gefühle und Bedürfnisse anderer zu entwickeln.

Index

Bildnachweise:

Der Verlag dankt den folgenden Personen und Firmen
für die Erlaubnis zum Abdruck von Bildmaterial:

S. 9 © Mother & Baby Picture Library/Ian Hooton; S. 10 © TEK IMAGE/
SCIENCE PHOTO LIBRARY; S. 18 © Mother & Baby Picture Library/Ruth
Jenkinson; S. 19 © Mother & Baby Picture Library/Ruth Jenkinson;
S. 27 © Mother & Baby Picture Library/Ruth Jenkinson; S. 29 © Mother
& Baby Picture Library/Paul Mitchell; S. 33 © Getty Images/Anne
Ackermann; S. 41 © Comstock Images /Alamy; S. 43 © Comstock
Images/Alamy; S. 51 © Dynamic Graphics Group/Creatas/ Alamy;
S. 52 © IAN BODDY/SCIENCE PHOTO LIBRARY; p55 © Getty Images/
Dag Sundberg; S. 60 © Elizabeth Hathon/CORBIS; S: 68 © Getty Images/
Digital Vision; S. 73 © David Pollack/CORBIS; S. 93 © SAS/Alamy;
S. 96 © Jennie Woodcock; Reflections Photolibrary/CORBIS; S. 100 ©
Piotr Kapa/CORBIS; S. 105 © Royalty-Free/CORBIS; S.106 © Picture
Partners/Alamy; S. 110 LAUREN SHEAR/SCIENCE PHOTO LIBRARY

Weitere Bildrecherche: Claire Masset, Emma Helbrough und Ruth King

Beratung: Alison Bell (Schwimmen),
Emma Sheppard, St. John Ambulance (Erste Hilfe)
und Wendy Scrase (Turnen)

Weitere Abbildungen: Dubravka Kolanovic
Digitale Bilder: Keith Furnival

Copyright © Deutsche Ausgabe 2009
GoBo Kinderbücher GmbH, Bernardastraße 38, CH-5442 Fislisbach
www.gobo-kinder.de, www.gobo-kinder.ch, www.gobo-kinder.at

Copyright © weltweit 2007 Usborne Publishing Ltd., London.
Erstausgabe 2007 in Großbritannien von Usborne Publishing Ltd.
Originaltitel: Entertaining and Educating Babies and Toddlers
Deutsche Übersetzung: Christina Jacobs

Gedruckt in China.
ISBN 978-82-305-0893-0